本书受国家自然科学基金面上项目（71473191）资助

融资路演全攻略

商业融资必备策略与技巧

FINANCING
ROADSHOW STRATEGY

尚玉钒 ◎ 著

北京大学出版社
PEKING UNIVERSITY PRESS

图书在版编目（CIP）数据

融资路演全攻略：商业融资必备策略与技巧 / 尚玉钒著. —北京：北京大学出版社，2019.2
 ISBN 978-7-301-30145-6

Ⅰ.①融⋯ Ⅱ.①尚⋯ Ⅲ.①企业融资—研究 Ⅳ.①F275.1

中国版本图书馆CIP数据核字(2018)第284929号

书　　名	融资路演全攻略：商业融资必备策略与技巧 RONGZI LUYAN QUANGONGLUE：SHANGYE RONGZI BIBEI CELUE YU JIQIAO
著作责任者	尚玉钒　著
责任编辑	裴　蕾
标准书号	ISBN 978-7-301-30145-6
出版发行	北京大学出版社
地　　址	北京市海淀区成府路205号　100871
网　　址	http://www.pup.cn
电子信箱	em@pup.cn　QQ：552063295
新浪微博	@北京大学出版社　@北京大学出版社经管图书
电　　话	邮购部010-62752015　发行部010-62750672　编辑部010-62752926
印 刷 者	涿州市星河印刷有限公司
经 销 者	新华书店
	720毫米×1020毫米　16开　17.25印张　247千字 2019年2月第1版　2019年2月第1次印刷
定　　价	48.00元

未经许可，不得以任何方式复制或抄袭本书之部分或全部内容。
版权所有，侵权必究
举报电话：010-62752024　电子信箱：fd@pup.pku.edu.cn
图书如有印装质量问题，请与出版部联系，电话：010-62756370

序
PREFACE

■ 本书关注哪类人的什么问题？

有项目需要进行融资路演？你是否也有过如下的问题：

- 场上只有8分钟的展示时间，但项目需要介绍的东西却很多，该如何精减？
- 投资人究竟关注哪些方面，如何组织手头纷繁复杂的素材？
- 如何进行项目的市场定位，才能更好地突显本项目的价值？
- 主持人已经报过了名字，该登场时却感觉聚光灯下的自己大脑好像一片空白，该如何是好？
- 我们的项目并不比别人差，但最后入选的为什么不是我们的项目？

……

以上是我们前期在做路演辅导时经常会被问及的问题，也是路演者普遍会碰到的困惑。

本书正是专门为这些企业家和创业者所准备的：他们手头有自己独到的创新创业思路或项目，也在积极筹划着准备参加项目融资路演，但却由于缺乏路演经验而对路演效果没有十足的把握，迫切希望提升自己的路演水平。

■ 本书能给你带来什么？

多年以来，我一直教授"沟通管理"课程，这门课程面向我校的本科生和MBA学员，每一年，我都会指导一些学生参加各类创业大赛和创业实践。我曾多次带队指导学生参加中国MBA创业大赛、TiC100竞赛等全国性的赛事，我的学员们每次都能为学院抱回大奖，我自己也获得了一些荣誉。2017年秋季，我们有一队MBA学员在参加西北赛区创业大赛拿回大奖后，专门跑到我的办公室，激动地对我说："尚老师，特别感谢您的辅导！我觉得我们的项目并不比竞争对手的项目优秀很多，但他们的路演却说得一团糟，而我们无论是幻灯片展示的项目内在逻辑，还是我们三人的表达都远远超过了竞争对手。"我听了心中也特别高兴。

其实，关于项目路演我已关注多年。在2016年，我基于前期的研究出版了《基于和谐意义给赋系统的商务展示测评体系的开发及应用》一书，尝试从"意义给赋"的视角去解读商务展示的有效性。自此，我一直聚焦于探索"如何在有限时间内把复杂的项目说清楚"。

我在"沟通管理"课上专门设计了一个实战演练环节，将学生们分成若干小组，每组同学派代表上台做一个模拟项目路演。我会带领全班同学对每个项目路演进行分析和点评。这样，每年我都会通过学生的课堂汇报接触众多不同的项目路演，累积下来已有80多个。通过课堂与学生的辅导互动，我越发强烈地感受到学生们项目路演的能力参差不齐。我们可以排除学生对模拟路演的态度因素，因为这项路演是课程的大作业，其在课程考核中占比为

40%，因此学生们都非常重视。我们也可以排除个别学生不善表达的因素，因为每组学生都会选派队中相对优秀的队员登台展示。所以，我认为最终个体路演水平的差异，主要源于个体对项目路演知识和技巧的掌握程度以及平时的训练程度，这也是激发我写作本书的初衷。我希望能写一本书，把自己在这方面的一些经验和思考总结出来，以便帮助那些项目路演者，使他们原本很好的项目不会由于路演技巧的不足而导致最终的效果不尽如人意。

我之所以希望向更多人介绍我在项目路演领域的一些研究成果和心得，还出于这样一些考虑。一方面，是现实需求的迫切性。在创业热潮涌现的当今时代，创业者成功地与资本对接的关键就是BP（Business Plan）路演的水平，创业者只有更好地展示出项目价值才有机会得到投资人的青睐。另一方面，市场上现有的有关项目路演的图书多出自一些经验丰富的投资人或演讲培训师之手，在这个领域中鲜有学术研究者参与。作为在高校从事沟通有效性研究的教授，我愿意带着对理论的研究与思考投入这个行列中，与所有实践界人士一道提升项目融资路演的有效性水平。

■ 本书有哪些特色？

本书的特色可以概括为以下三个方面。

第一，本书强调系统理论指导下的路演有效性。

很多人强调"路演就是要把投资人关心的几个问题说清楚"，而我坚持一种系统论的观点。我们强调成功的路演是一项系统工程，由路演者驾驭自己的语言风格、幻灯片展示内容以及路演情境三方面的协同情况所决定，路演者只有在各方面都把持有度，才能更好地突显项目的核心价值。对于一个系统来说，其有效性一定是各要素默契配合的效果，好比一个车夫驾驭一辆马车，车夫、车子与马匹必须协调一致，才能达到理想的目标。而对于一个项目路演系统来说,无论路演者的风格是激情四射的,还是安静内秀的,也无论路演内容是一个创新思想,还是一个专利技术产品,甚或无论路演情境是支持认同的,还是质疑排斥的,路演者都需要扬长避短,调适好自我的临场状态,以便最终通过幻灯片展示和自我讲解的协同配合,把项目价值展示出来。在本书中,我们还应用"和谐管理理论",帮助读者更好地理解:一个路演系统是如何围绕一个"和谐主题",来实现幻灯片的事前"优化设计"、路演者讲解的临场"能动致变",以及路演者状态的调适"耦合",最终达到所期望的融资路演效果的。

第二,本书提供丰富的项目融资路演实战案例。

本书基于我们构建的一个包含200多个案例的素材库,这些素材一方面来自我5年以来亲身辅导项目路演所累积的实战经验,另一方面来自120多个网络公开视频,如新浪创业网、恩美路演平台,以及第四届全国创新创业大赛"新能源组""新材料组""互联网组"的参赛作品等。

我们为每一个案例都设立了一个档案,每一个档案中除了有项目的基本情况信息之外,还有我们在关键维度上的打分,以及路演效果的评价分数。本书会选择一些典型案例,即在我们的数据库中表达"优"或"差"的项目,并回溯这些视频的文本转录,写成这一部分的案例分析。所以,你可以在本书的每一个部分、每一个知识点中,阅读到我们精选的案例。希望我们的良苦用心能为你的路演提供更直观的帮助,以及更切实的启示。

第三,本书体现了理论与实践的高度融合。

迄今为止,市场上还鲜有关于项目路演的理论书籍。市面上相关的图书多为纯粹的实战演练书,它们多来自投资人或演讲者的实际经验总结。虽然这些作者无疑都对路演实战有非常丰富的经验和独到的见解,但同时,我们也会看到,如果缺乏理论的指导,可能会让路演实践陷入只见树木不见森林的境地。所以,在本书中,我们试图建立起理论和实践的融合桥梁,运用管理沟通、市场学、心理学等相关理论来增加实战案例的解释和分析力度，希望这种努力可以为你的项目路演带来更多的思考和启迪。

■ 本书的内容结构

本书共分为九个章节，具体内容如下。

第1章，主要介绍了项目融资路演的专项细分市场的形成，这个领域也随着中国"大众创业，万众创新"的热度提升而升温。项目融资路演作为资本与实业对接的一个重要环节，被人们视为展示项目价值的必要活动之一，这也是本书的创作原动力所在。

第2章，我们提出做好项目融资路演需要一种系统思维，而不能简单地认为路演就是说"投资人想听的话"。我们引入一种独特的系统理论——和谐管理理论，阐释项目融资路演系统的构成要素及基本特征。

第3章，我们锁定项目的"痛点问题"来介绍它的定义、判定方法，以及展示方法，并区分了它与路演开场白之间的区别。

第4章，我们介绍了凝结在幻灯片上的路演展示内容的核心架构，即一个项目路演需要七个关键因素分析，它们分别是解决方案、增长空间、竞争对手、盈利模式、管理团队、执行计划和融资方案。我们在这一章里介绍了各要素关注的基本问题，以及展示需要遵循的原则，并精选了一些典型项目融资路演实例进行分析。

第5章，我们分析了幻灯片的设计和展示。幻灯片是项目路演的必要的辅助工具，项目内容繁多，因此如何呈现是有技巧的。这一章里，我们从幻灯片制作的基本原理讲起，从文字处理和动画效果等方面介绍幻灯片的制作基础知识，同时还介绍了一些人们平时较少关注的实用制作技巧。

第6章，我们解释了路演者的语言表达技巧。在这一章里，我们从语言表达的原则、遣词造句的"明理"和"动情"主旨、具体的修辞类型，以及特定的语言表达策略等方面，详细分析了语言的表达技巧。

第7章，我们介绍了路演者的非语言表达技巧，分别从声音、肢体语言、面部表情、外观特征和辅助道具五个方面进行详细论述。

第8章，我们介绍了路演者临场状态的调整。我们从转变信念、调整身体模式、转换关注点以及正确释放内心的激情等方面，强调路演者只有调整好自己的状态，才能更好地驾驭语言和非语言的表达，以及幻灯片中的基本思想，从而达到理想的路演效果。

第9章，此章为实战案例分析。我们通过对一些成功或失败的项目路演实例分析，说明路演的展示内容、路演者风格，以及自身调适状态方面的优与劣，以便帮助你形成更为具体和全面的印象，从而将你在本书中学到的理论融会贯通，并比照自己的路演，最终切实提高你的路演有效性。

■ 本书的致谢与展望

当终于可以停笔合卷之时，我需要感谢许多人的帮助和支持！这里首先感谢严涵、李诗陶、吴晗和王琼等同学，他们在本书的写作过程中一直与我研讨并参与整理案例视频材料；我也要感谢西安交通大学经济与管理学院的赵文红、魏泽龙老师，他们在创业创新方面的研究给予我很多灵感和启发；我还要感谢学院给予我这样宽松的科研环境，允许我们在自己瞄准的方向自由探索；我更要感谢我的博士导师席酉民老师，是他把我引入和谐管理理论的探索之途，让我在看问题时用一套系统观来思考问题中的相关要素，以及各要素之间的关系，从而能更加全面地寻求解决策略。另外在本书的出版过程中，我要特别感谢裴蕾编辑给我提出的许多宝贵修订建议和精心校对，把我从理论拉到现实。最后，我也要把感谢送给我的先生和两个女儿，是他们的支持和鼓励,让我挤出了许多时间,安心地顺利完成本书的撰写工作。

希望本书能帮助更多的人提升自己的项目路演能力,也希望通过它架起一个平台,让感兴趣的学者和实践人士一起研讨与切磋项目融资路演的技艺!

尚玉钒

于西安交通大学

2018年6月12日

目·录
CONTENTS

第1章　路演，你准备好了吗？　1

第2章　做好路演，你需要一种系统思维　7
　　融资路演的三要素　9
　　理解融资路演系统　11
　　融资路演系统核心构件　14

第3章　锁定项目的"痛点问题"　23
　　什么是项目的"痛点问题"？　25
　　如何判定"痛点问题"？　27
　　现有痛点陈述存在的不足　29
　　如何更好地展示痛点问题？　31
　　开场白与"痛点问题"　41

CONTENTS

第4章 路演应该讲什么 47

解决方案 50

增长空间 55

竞争对手 59

盈利模式 64

管理团队 71

执行计划 75

融资方案 79

第5章 幻灯片的设计 85

幻灯片制作基本原理 87

幻灯片制作基础 94

幻灯片制作技巧 115

第6章 路演者的语言表达技巧 129

项目路演语言表达的定位原则 131

项目路演语言中的遣词造句 133

项目路演语言中修辞手法的运用 138

项目融资路演语言表达策略 146

路演口头语言表达的忌讳 162

CONTENTS

第7章 路演者的非语言表达技巧 165

声音特点 168

肢体语言 174

面部表情 177

外观特征 179

辅助道具 181

第8章 路演者临场发挥的状态调整 185

转变信念 188

调整身体模式 192

积极关注而非消极关注 196

正确地释放内心的激情 199

第9章 融资路演实战案例剖析 205

案例一:"无限衣橱"项目融资路演案例剖析 207

案例二:"皓庭新风"项目融资路演案例剖析 226

案例三:"出国啦"项目融资路演案例剖析 243

参考文献 260

第 1 章

路演，你准备好了吗？

第1章
路演,你准备好了吗?

在"大众创业,万众创新"的号角下,全国上下,从中央到地方,一轮又一轮的创新创业大赛如雨后春笋般涌现,中国各大城市都有创业一条街、创业咖啡馆,各高校纷纷成立自己的创业中心,在城市中还时不时可见各类"创业孵化器"等众创平台,甚至一种崭新的"路演平台"类公司也应运而生,这一切都为创业项目和资本的对接落地提供了可能性。在这种氛围中,新兴的创业企业层出不穷,资本市场也异常活跃:资本在寻找好项目,项目也渴望得到资本的扶持,这两股力量的交织就促成了一种新型的活动,这就是项目融资路演。它作为资本与项目对接的纽带,受到越来越多创业群落的青睐。

项目融资路演就是企业代表在台上向台下众多投资方讲解自己的产品、商业模式、发展规划、融资需求等的过程。按照一般惯例,路演要求演讲者在8分钟内将项目介绍清楚,以引起投资人的兴趣,并获得进一步与投资人接洽的可能。"项目融资路演"是国内外诸多创新创业企业实现融资的高速公路,通过项目融资路演实现了创业项目与投资人的零距离对话。我们看到,许多几千万、上亿的融资金额都始于小小的项目路演,因此,项目融资路演越来越受到企业的重视。

一份来自美国的报告显示:在过去的40年里,隶属于TechAmerica基金会的美国电子协会(AeA),每年都会举办一次本协会的投资金融大会,每次都有超过1 800家科技公司和超过6 000位投资人前来参加。与会公司的高级行政人员每天都要重复8—10次公司推介商务展示,这不仅给现有投资人提供了了解最新投资消息的机会，也给潜在投资人一个了解新商机的机会。

渴望得到资本助力的你，是否参加过项目融资路演呢？你对自己的路演效果满意吗？在路演中，是否做到了言简意赅、重点突出、吸引眼球，获得了期望的宣传或融资效果呢？

现实中天生具备路演能力的创业者毕竟是少数，更多人是从未受过正规路演训练，只是凭借着自己对项目的一股热情，或对资本助力企业发展的渴望来参加路演的。但很可惜，从我们接触过的创业路演者、参加过的创业大赛、辅导过的创业团队来看，许多人由于对路演内容不着要领、项目逻辑解析不明、缺乏路演表达技巧、临场表现怯场等诸多原因，使原本极有潜力的项目与融资失之交臂。这种不是由于项目自身先天不足，而是由于后天项目路演展示水平不高而使项目夭折的情况，令人扼腕叹息。项目融资路演极大地考验着企业家们的公众演讲能力，可以肯定的是，每个人都绝对不想让自己成为"创业的巨人，路演的矮子"！

项目融资路演作为一种公众演讲的特殊形式，其展示内容和方式有一定的内在规律。然而，根据我们前期的观察，对于初出茅庐的路演者来说，他们可能并不知道在项目路演时应该着重讲什么；即便是路演组织者规定了要展示的内容要点，演讲者也可能并不知道该如何组织手头错综复杂的素材和信息；有些演讲者只展示了项目内容，但却并没有留心在短短的几分钟内是否传递了项目的核心主旨；也有一些演讲者由于缺乏公众演讲技能，当站在聚光灯照射的舞台上时便不知所措。许多路演者的经历是：在台下感觉自己已经准备好了，但当走向演讲台，走到聚光灯下，双腿却开始发抖，心跳加速，呼吸急促，两只手不知放在哪里合适，试图向观众微笑，却发现面部肌肉开始不听指挥地抖动，原先准备好的台词也不知跑到哪里去了，大脑一片空白。但这时，主持人已介绍完主讲人，全场的目光都汇集在自己身上，好在还有幻灯片的提醒，只好硬着头皮完成任务，最后自己都不知道自己在台上说了些什么。终于等到幻灯片翻至最后一页，自己如释重负，在回答问题环节，对评委的提问无法像平时那样回答得有理有据、切中要害。走下台时，只剩满腔的挫败感。

这种情况并非是特例，许多人在面对这种公众演讲时都是一头雾水。你知道吗？在美国有3 000万人把公众演讲排在"令你感到焦虑事情"的第二位。南希·杜阿尔特（Nancy Duarte）在他的《学说》（*Ology*）一书中这样写道："每天，有数以百万计的演讲在全球进行，然而这其中只有一小部分效果良好。"有些人会把这种过程视为一种"煎熬"，但当向投资人介绍你的项目成为你工作中必不可少的一部分时，你就必须迎接这项挑战。好在，路演技能是可以通过后天练习而不断提高的，只要坚信自己能够表现优秀，项目路演就不是问题！

在个人电脑和互联网高度普及的今天，商务展示成为家常便饭。大部分演讲者会通过参考其他人的演讲、阅读相关书籍，来学习路演技巧。有些路演者可以把看似枯燥的项目转变为激动人心的品牌故事，而那些沟通大师，无论是针对高端科技产品还是日常用品，都能够准确阐明其价值和意义。例如，思科公司的CEO约翰·钱伯斯（John Chambers）就可以把推销路由器和交换机，转变为推销人与人之间的关系，他用自己的产品改变我们的生活、工作、娱乐和学习的方式。

目前市面上关于商务演讲的书很多，也有专门针对融资路演的书籍，但想真正掌握项目融资路演技巧需要运用一套系统观来整合现有的零散"小技巧"，成功的项目融资路演并不是新颖的开场白、精美的幻灯片和"释压"等战胜恐惧技巧的拼凑，而是对"我（主讲人）——观众（展示对象）——现场（展示情境）"的系统驾驭。如果把项目融资路演比喻成赛车，那么，车手需要与车况保持高度统一，并掌握当前路况才可能赢得比赛。

正如吉姆·柯林斯（Jim Colins）所说："优秀是阻止你卓越的敌人"。我们已有的惯性思维与做法，阻止了我们跨出现有的安全区以迈向更伟岸的高峰。特别是在当前市场竞争日益白热化的情形下，为了使项目融资路演在投资人接受的海量信息中不被淹没，需要演讲者吸引投资人的眼球，赢得投资人的青睐。

项目融资路演一般是在商业计划书完成后开始准备的，就是说进入项目融资路演阶段时，项目方案已初步形成，其中目标市场以及解决方案都基本定下来了，需要的是演讲者的提炼与表达。在我们过往的实践辅导与专项研究经历中，准备路演并不意味着前段任务的终结，而是通过路演思路的梳理来不断地完善商业计划书，二者常常相辅相成。当然，本书主要关注的是项目路演的表达而非商业计划书的修订。

我们认为，成功的融资路演是：分享你的观点和思想，不用在意你的表达是否流畅，而应聚焦于你传递的意义和价值。

本书的写作目的如下：第一，帮助你驱散面对观众时心中的恐惧，从容介绍你的项目；第二，协助你用一种系统观来看待项目融资路演，并理解成功路演的关键因素；第三，教会你把自己的项目娓娓道来，让观众更好地认识并接受项目的价值和意义。

第2章

做好路演，你需要一种系统思维

初次接触项目融资路演的人都会急于问："我该讲些什么呢？"大家都希望有一个"路演模板"可以套用。一些自己本身就是投资人的路演辅导者强调，要站在投资者的立场，把投资人关心的问题介绍清楚，例如：目标市场、市场容量、用户痛点、解决方案及其优势、管理团队、未来发展计划等。还有一些人则强调，要围绕项目优势把项目独特的价值展现出来。但当我们研究了120多个来自"全国创新创业大赛"和"新浪创业—创业路演"等的视频案例，以及80多个我们亲身参与的案例后，看到了优秀的项目路演，也看到一些虽然有优势但最终展示却不是很理想的路演，我们更坚信：项目路演是一个系统工程。它不仅仅是几个要素的展示，也不仅仅取决于项目自身的价值或是路演者的演讲魅力，路演是一个通过路演者的语言表达与辅助工具，在路演者状态调适下的系统优化的整合过程。

融资路演的三要素

曾经有一位路演者，在参加一场公开的创新创业大赛没有得到期望的结果后，向我诉苦说："我们的项目路演准备得特别充分，专门制作了精美的幻灯片，我觉得自己的演讲比那个得大奖的人更生动、更有激情，为什么最后获胜的不是我们的项目呢？"一次成功的路演，需要备全"系统"要素，例如，你的项目价值是什么？你的演讲激情是否拿捏恰当？你的幻灯片是否突显了你的路演思想？等等。

任何一件事，都可以被视为一个系统。就拿项目融资路演来说，它也是由一些相互作用的要素构成的。若没有系统观，我们就可能会犯"只见树木不见森林"的错误。因此，准备项目融资路演时，先要在脑海中构筑一个"系统"。

我们认为一个项目融资路演系统的三个必不可少的要素（如图2-1所示），分别是：路演内容、路演风格，路演情境调适。其中，**路演内容**主要是关于项目自身的价值，它是指项目的存在价值和运营逻辑，需要表达清楚项目的痛点问题、解决方案、市场潜在容量、竞争格局、发展潜力、管理团队、盈利模式等内容；而**路演风格**主要指路演者在讲解项目时，通过语言和非语言所形成的个人表达风格；**路演情境调适**则指项目路演时，演讲者是否可以根据观众，特别是投资人的情况来调整自己的演讲状态。

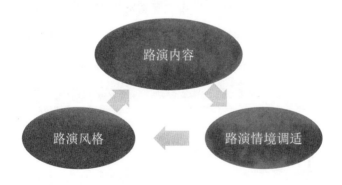

图2-1　路演系统构成三要素

在我们所经历和研究的200多个案例中，有些案例的问题来自路演内容，这里专指组成项目自身价值的基本构件，譬如，路演时没有清晰地介绍项目的竞争对手与竞争格局，这种内容上的缺失使观众无法判断项目的价值。还有些问题来自路演风格，譬如，路演者在讲解项目时语言表达不清楚，让人产生疑惑。还有些问题来自路演情境调适，譬如，临场发挥不自信，在讲解时表现局促，令观众产生不信任感，等等。任何一个方面的失误，都会影响路演的总体效果以及预期目标的实现。

对于时下一些流行的说法，譬如，简单地认为路演就是"说投资人想听的"；或者，片面强调"项目有价值就行"，我们认为这些观点都不足以说明成功路演的含义，只有实现了路演系统三方面的统一才可以真正使其价值得以体现。

理解融资路演系统

项目融资路演的三要素之间是如何互动，从而形成一个系统的呢？这里，我们将进一步介绍项目融资路演系统各组成要素的特性，以及它们是如何协同发挥作用的。

我们在这里主要介绍席酉民教授于1987年提出的和谐管理理论，它是一种有效的系统思考与分析工具。和谐管理理论主张围绕和谐主题，通过优化设计的控制机制（"谐则"）与能动致变的演化机制（"和则"）进行双规则下的"耦合"以达成最终的协同效果。这个理论听起来有点抽象，它最形象的比喻就是磁场的"共振"，即如果把一个系统视为一个磁场，那么该理论试图向我们说明的是：如何调动一个磁场的所有分子以产生同一方向的协同作用。

我们将和谐管理理论的思想引入项目融资路演中，即认为项目融资路演是一个系统，它追求在各路演子系统之间达成统一的协同作用。根据和谐管理理论，我们具体来看一个项目融资路演系统的各部分构成及其特征，如图2-2所示。

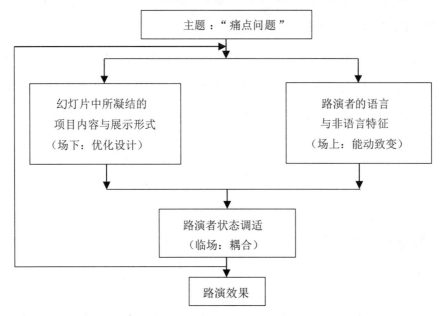

图2-2 项目融资路演系统构成及其特征

第一，此系统有一个核心，这在和谐管理理论中被称为"和谐主题"，它是所有系统要素需要围绕的构件，这就好比是车轮的轴心一样。在项目融资路演中，这个"和谐主题"就是项目自身锁定的市场上的用户痛点或本领域内待解决的问题。"和谐主题"是一个项目的价值前提，也是路演者在整个讲解过程中需要突出反映的主旨。

路演的主题锁定后，所有的其他要素就会围绕这个主题来设计，同时也产生了优化的判定标准。例如，针对雾霾这一空气污染现象，你锁定的用户痛点是"人们不能开窗透气了"，那么你的项目方案可能就是围绕新风系统来设计的；但若你锁定的是"人们出行呼入PM2.5有害"问题，那么你的项目方案就一定是围绕防霾面具类产品来设计的。主题定位不同，人们对你的产品或服务的期望就不同，所以后续所有的解决方案、核心资源、盈利模式等设计也都会截然不同。由此可知，作为一个和谐主题，项目融资路演系统中的"痛点问题"必须识别和定位清楚，为后面的其他陈述点亮一盏指路的明灯。

第二，此系统中有一部分是可以优化的，在和谐管理理论中被称为"谐则"。这一部分的特点是：它可以事先构思设计，并不断优化完善，但当系统开始运行后它就很难相机变化了。在项目融资路演中，它是指项目路演的设计构思，也就是凝结在幻灯片中的项目内容和展示形式。

在准备项目融资路演时，制作幻灯片是必不可少的。我们会把基本的展示思路先反映在幻灯片上，每一部分都需要反复地斟酌和酝酿，这个准备过程甚至会占用我们整个路演准备过程的大概2/3的时间。但当你站在路演的讲台上，幻灯片开始播放，路演正式开始时，固化于幻灯片中的内容和形式就不能再做任何的调整和变动了。

第三，此系统有一个部分是能动致变的，在和谐管理理论中被称为"和则"。这一部分的特点是：可以根据实际运行情况做出适当的灵活变化。在项目融资路演中，它是指路演者场上的语言和非语言表达。

项目融资路演中一个重要的环节就是路演者站在讲台上进行汇报演讲。虽然有幻灯片提示，并且大多情况下路演者也提前进行了多次彩排，但正式登台后，路演者是否完全按演讲稿背诵，万一出现意外将如何续接，又用什么样的肢体语言来进行表达，这些都具有即兴发挥的成分，所以根据和谐管理理论的"和则"思想，这就需要视当时的情况进行相机调整和变化。

第四，此系统最后还有一部分是其他要素协同作用的，在和谐管理理论中被称为"耦合"。这一部分的特点是：它可以驾驭系统的其他部分，以使所有要素都向一个方向使劲。在项目融资路演中，我们认为它主要是指影响路演者发挥水平的路演者心理状态特征。"状态"就是人们感知当下情境的方式，是指当你站在聚光灯下时心理、生理以及情感所达到的境况。具体表现为路演者自信心程度、身体模式等。路演者自身演讲状态的调整情况，会影响其路演中对幻灯片的处理，以及对语言与非语言的驾驭。只有在良好的自我状态下，路演者才可以用饱满的热情去讲解，并把幻灯片阐释透彻。相反，如果自我状态不佳，路演者无法全情演绎，会使路演效果大打折扣。就好比欣赏一场音乐会，所有的乐器（这里指系统诸要素）需要在指挥（这里指自我精神状态）的引领下，围绕主题旋律演奏出各自应有的音符，才能协调一致地演奏出优美动听的乐章。

总之，根据和谐管理理论的指导，我们认为项目融资路演将恰好符合这样的系统观。它在锁定市场和行业待解决问题这一主题基础上，将项目内容和价值以幻灯片的形式展示，并通过路演者状态调适，最终表现为一种协同效果。

融资路演系统核心构件

项目融资路演是一个有机的系统，这个系统的各要素只有相互默契配合才能帮助我们达到期望的路演效果。本节我们将分别介绍项目融资路演中各要素的功能和特性。

融资路演的逻辑起点——"痛点问题"

任何一个路演项目都要有一个清晰的自我定位，要清楚所要服务对象的痛点问题，或是项目有待解决的业界问题是什么，此后项目的其他介绍都是为了解决这个痛点问题而展开的。所以我们认为，痛点问题是一个项目的逻辑起点，即"和谐主题"。

痛点问题的定位决定着项目所提供的产品或服务的目标群体及其需要。这个痛点无论是来自市场用户，还是来自行业的发展瓶颈，只要切中痛点，就能够预测其规模，规模的大小也决定着项目的发展潜力。例如，有一个"皓庭新风"项目，针对现在大城市的雾霾问题，为解决不能正常开窗透气而研发出家庭换气系统，这对中国多数雾霾严重的城市居民来说非常重要，所以它的痛点定位非常明确和具体。而针对这个痛点的解决方案可能有很多，例如空气净化器、防雾霾口罩等，所以这套新风系统的解决方案是否经济实惠或有独特优势，需要在树立痛点问题后进一步论证。不同的解决方案可能各有其利弊，而项目本身解决方案的特点决定了后续项目的运营模式、盈利模式、发展水平等，所以，项目路演需要先明确界定项目要解决的痛点问题。

在项目路演中要尽早地明确告诉台下观众，你所解决的痛点问题是什么。你可以用图示的方式指出痛点，并剖析痛点产生的原因，然后再提问："为什么我们需要这个项目？"花一点时间，详细描述问题，使其具体化，并对痛点进行相关分析。其实，项目路演时，观众不是不关心你的产品或技术，但他们更关心你展示的项目能否解决他们认为亟待解决的问题。

根据和谐管理理论，设定和谐主题是项目路演准备工作的重要环节，它给整个路演定调子、定方向。后面所有的"谐则的优化设计"以及"和则的能动致变"都是围绕这一主题来组织素材，并最终通过"耦合"来协同生效的。这就好像维瓦尔蒂的经典曲目《四季》是以四季为题一样，锁定痛点问题也为项目路演设定了主旋律。

人们拥有一个产品或服务时，常常会泛化自己的用户，认为自己的产品或服务具有广普性，针对和适用于"广大消费者"，这是对痛点问题定位不清的一种表现。定位不清会使得自己的产品或服务失去靶子，从而在发射时难于瞄准靶心，其路演也就根本无法说清楚项目的价值。例如有一个"大学生校园网"的项目，项目希望使网站内容涉及在校大学生生活的方方面面，譬如大学生的二手物品交易、找工作、法律咨询等，目标如此泛化，定位自然不准，由此也会产生诸多问题：如何应对大学生群体的众多需要？如何整合所需要的各类资源和信息，并提供好的服务？如何与现在的相关专业网，如招聘类网进行竞争？因而，锁定明确而清晰的痛点问题是路演项目的关键。

痛点问题的识别与定位对于一个项目来说至关重要。星巴克的创始人霍华德·舒尔茨（Howard Schultz）就强调：他创建星巴克不只是为顾客提供一个能喝咖啡的场所，而是旨在创造一种体验，一种身处"第三空间"的感觉，即一个令人感到舒适的，在家庭和办公室之外的"第三空间"。这是舒尔茨的一个创举，这个颇具科幻意识的定位也促使星巴克发展成为一个商业帝国。

曾经有一个关于智能停车系统的创业项目路演，在瞄准用户痛点时，也出现主题定位不清的问题。该项目最初将其主题设定为"商业密集区高峰时的停车导引系统"，系统为司机提供附近有空车位的停车场的导引，但这个定位有一些重要的约束条件无法满足，即车流量较大时，即便发现空车位，但前后拥堵，车辆到达指定车位十分困难。后期经过调整，路演者改变了其主题定位，改为"夜晚返回住宿小区的车位导引"，由于这时车辆运动自如，而且人们归家心切，这个导引系统的需求量很大。把创意设计放在痛点定位上，才能更有现实操作意义。

可见，我们所谓的和谐主题的设定即是锁定痛点问题，也就是陈述其所确定的项目能提供的产品/服务/技术是针对"谁"或解决"什么问题"的，也只有这样才可以界定清楚自己所在领域的可能需求点或突破点。如果市场或领域的痛点解读错误，譬如所预设的用户痛点不存在，或业界瓶颈问题不准确，那么整个项目都会被误导，这就好比射箭时瞄错了靶子，自然难以取得期望的好成绩。

融资路演内容——幻灯片展示的内容与形式

项目融资路演内容就是我们所要展示的有关项目的诸多要素，将PPT上所展示的有关文字、图片、动态素材、统计数据等信息，按照一定的顺序组织在一起从而传达某种意义。这里我们着重介绍反映项目价值的PPT展示内容和PPT展示形式。

◇ **路演PPT的展示内容：项目价值呈现**

项目融资路演着重展示项目自身的价值，不可能像一般的公务演讲那样，可以自设新颖的话题和提出独特的主张。项目融资路演必须遵循投资人的心理接受规律来讲述项目的价值。柯利弗·阿特金森（Ciff Atkinson）在《子弹之外》（*Beyond Bullet Points*）一书中认为，"在开始制作PPT文件之前，你能做的可以显著提升演讲效果的最最重要的一件事就是——给别人讲述一个动人的故事。"你所安排和设计的故事情节是影响观众判断项目价值的关键。对于项目路演的观众来说，他们主要关注你的项目是否具备市场优势，能否解决某个痛点，由此判断项目的发展前景。这些特点预示着路演是具有其特定的结构逻辑的。

如图2-3所示，项目路演的结构逻辑应该是：首先，为什么要做该项目？能引起投资人关注的项目必须能够解决一个用户痛点，而这个痛点是在人群中普遍存在的，而且是亟须解决的；接着，需要说明我们的解决方案，说明项目的解决方案有什么特色、同行现有的解决方案如何、竞争对手的实际状况怎样、自己的解决方案与对手相比有什么优势，并判断这个市场的存量是否足够大；然后阐述如何运营该项目、盈利模式、项目团队的构成优势和具体的执行计划；最后阐明融资需求以及未来的计划和打算。

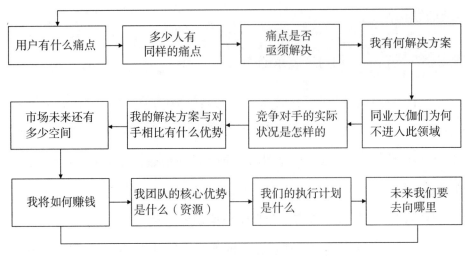

图2-3 项目路演的结构逻辑

资料来源：王凤范. 融资路演——成功融资的路演实战图解[M]. 北京：中国经济出版社，2016：6.

◇ 路演PPT的展示形式

项目融资路演的价值是通过PPT等多媒体工具展示出来的，它可以把路演者的项目内容清晰而生动地呈现在观众面前。通常，一张PPT上所呈现的信息都是提前经过反复推敲、字斟句酌、精心规划和布局的。内容、字体、图片，甚至背景都需要巧妙地加以设计，进行整合优化。

当然，PPT展示形式与路演者自身的风格或品位相关，对其没有绝对的标准和要求，完全依赖于路演者自身的文字表达和艺术驾驭能力。马克在其《舌行天下》一书中总结PPT表现手法时提到：在PPT中，文字应该精简到只剩下关键字，以便观众只需用眼去"瞟"而不是"读"；图片应该让人赏心悦目；图表应该富有逻辑性，体现专业性；动画应让人产生真切的身临其境的感觉；道具应该恰如其分，可根据项目特点选择是否带实物或模具等登台。在进行多媒体演示时，多余、无关紧要的信息越少越好。许多路演者在一张PPT中放置太多的内容，这种做法是不可取的。达·芬奇曾说过："复杂的最终境界是简单。"所以要尽量简化自己的表达。

在PPT展示形式方面,现有研究证明:当使用多媒体进行演讲时,采用文字和图片相结合的方式,比分开单独演示效果更好。而且可视化的表现形式可以更强有力地表达展示者的思想。如果一张PPT中需要展示较多的功能性信息,就需要运用PPT强大的动态展示技术。当路演要表达一个完整的生态链或流程图时,最好的展示方式是分阶段呈现,伴随路演的解释顺序一个接一个地分别呈现,最后得到一个全貌图。我们知道,观众不愿意在屏幕上花费时间寻找信息,因为这会令其感到疲惫。若能在项目路演中添加适当的道具,就会产生强有力的说服效果,使原本枯燥的展示变为有趣的多感官的观众体验。

PPT展示内容与展示形式都需要进行精心设计,以为后续的讲解打下牢固的基础。PPT中展示的内容是路演主题的提炼,也是项目路演的逻辑线索,起到提供文字说明和内容提醒的作用。在完成这项活动的时间安排上,南希·杜阿尔特(Nancy Duarte)建议人们将2/3的时间运用于研究专题、收集素材、组织观点和思路上,并与同事合作勾勒出故事的轮廓,把1/3的时间用于制作PPT。

项目融资路演风格:路演者的语言和非语言特色

除了那些事先可以准备的凝结在幻灯片中的项目价值的内容呈现与设计之外,我们还应关注影响路演者场上发挥的关键因素:一是语言表达,二是非语言表达。在PPT展示的结构雏形出来以后,我们要关注如何讲解以把所有的PPT内容串联起来,更好地向观众传递我们的项目主张。在准备项目路演时,应该关注如何围绕主题,把凝结在PPT中的意思清晰而巧妙地表达出来。

当然,从顺序上来看,一般先要进行语言串词的准备,再在演练时进行非语言表达的配合。需要关注的问题如下:

- 如何引出问题，才能让观众感兴趣？
- 如何介绍产品或项目，让观众更好地理解和认同？
- 如何解说内容，让观众产生信任感？
- 如何呈现信息，令观众印象深刻？

……

◇ 语言表达

观众与其说在看项目路演的PPT，不如说在看项目路演者的现场"表演"。PPT只是一个辅助表达的工具而已，路演者的讲解才是表达清楚路演项目价值的关键。俗话说：话有三说，巧说为妙。为了更好地讲解PPT上的信息，必须清晰地表达和传递项目的价值。

语言表达是给项目展示PPT注入活力的关键。路演者的开场白是否令观众有代入感，从而引起继续关注的兴趣；路演者是否可以清晰地讲述庞大的数字表格后面所蕴含的趋势和规律；路演者是否可以把抽象的流程图讲解得鲜活而生动；等等。这些都考验着项目路演者对语言的驾驭能力。

在我们所研究的项目融资路演案例中，有些项目的PPT做得非常精致，但路演者却讲得含糊不清，前言不搭后语，或者说话不着重点，甚或因内容不熟悉而讲解得吞吞吐吐。而有些项目路演的PPT做得简单朴实，但路演者却可以通过自己语言的演绎，道出一个娓娓动听的故事，让人看到项目的潜力，并感受到创业者的执着与热情。

◇ 非语言表达

项目路演中的非语言表达主要是指路演者的声音（语调、音色等）和体语（肢体语言、面部表情、仪表容貌等）。

加州大学洛杉矶分校的科学家艾伯特·梅拉比安（Albert Mebrabian）发现，肢体语言是意识、思维的表达方式，也是暗示的表达方式，非语言因素是交流中最具决定性的因素；其次是语调等与语言有关的因素；排在第三也是最不重要的因素是实际的谈话内容。可见，非语言表达行为在沟通中具有重要的作用。在项目路演时，常常在一个硕大的讲台上只有路演者一人，他将成为台下所有观众的焦点，所以他在台上的一举一动都会受到观众的瞩目，并会被理解为含有一定的意义。

在我们的研究案例中，有些路演者的项目本身无可挑剔，但路演者却带着高傲的口吻，面部表情傲慢，目光斜视评委和观众，这会让人觉得此人很没礼貌；还有些路演者声音发抖，眼神飘忽，让人觉得此人心虚、不自信；等等。在沟通中，我们强调信息的内容部分往往通过语言来表达，而非语言则作为解释内容的框架来辅助表达。同样一句话，当我们用不同的音调来表达时，就会产生截然不同的效果，路演者必须学会控制自己的非语言表达系统以便更好地展现自己的项目价值。

路演状态——良好临场发挥的前提

有时候一切都准备就绪——路演幻灯片已修订好，路演台词也反复演练熟悉，但在临场时，我们还是会紧张，精神难以集中，甚至焦躁不定，这种状态会严重影响我们的项目价值呈现质量。就好比驱车赶路，物资已经装备就绪，可司机却没有去往远方的动力，路途上只有忧伤与痛苦相伴，整个过程都是一场苦难的无奈，这当然难以保证最终的结果。

能够统领路演内容和路演风格的是路演者自己的路演状态。"状态"就是你感知当下情境的方式，它是指当你站在聚光灯下时你的心理、生理以及情感所达到的境况。状态不同，路演者的现场表达也会大相径庭。路演者处于积极的状态时，可以自如地表达项目的价值，体现自己对项目的执着，并细致地关照观众的感情；而路演者处于消极状态，譬如恐惧、害怕、患得患失时，就会口齿木讷，声音发虚，手忙脚乱，只想草草了事算了。由此，我们可以看到，个体状态对PPT内容的语言、非语言的表达效果都会产生极大的影响，从而影响路演现场的效果。

在本书第8章我们将从四个方面——身体模式、关注点、自我信念和激情状态来说明影响临场发挥的因素。现代心理学研究发现，不同的身体模式可以产生不同的情绪，路演者完全可以像演员登台前一样，通过调整自己的身体模式来缓解自己的临场紧张感。迈尔斯在《高效演讲》一书中所提出的"心灵之眼"就是我们平常所说的"关注点"——你是选择注意那些积极的信息，还是选择注意那些消极的信息？关注点不同，路演者的临场表现也会不同。譬如，有人关注"他们会提出难题吗？"有人关注"我怎样才能利用回答问题环节让他们信任我？"前者关注消极面，就会产生消极情绪，而后者预设了令人兴奋的前提，大脑就会去搜寻积极的答案，产生积极情绪。而信念则决定了我们的路演表现，如果你对路演抱着消极的信念，如"我自己太年轻，缺乏经验"，或"我是个内向的人，不太容易抓住观众的注意力"，这些消极信念都会妨碍你的场上表现。在激情方面，只是表现出情绪激动是不能打动投资人的，而当路演者表现出一定的认知激情和行为激情时，投资人才会对其项目的价值和潜力加分。在了解这些影响因素之后，我们可以采取一定的方法来控制和调整它们，使其为我们服务。当我们进行项目路演时，我们需要将自己置于驾驶者的位置，控制自己的状态，而不是任其牵着我们的鼻子走。只有这样我们才可以更好地利用幻灯片等辅助工具展示项目的内容价值，并发挥出自身的言语表达风格特色。

第3章

锁定项目的"痛点问题"

一个项目能否获得融资取决于它是否具有价值，而这个价值就在于满足市场上用户未被满足的需要，或是对业界现有瓶颈问题提供解决方案，即对"痛点问题"的关照，这是项目立身的根本。在项目路演中，我们强调把"痛点问题"定位为整个路演的主题，路演时所有关键因素都要围绕着这一主题来展开，无论是团队建构的资源整合，还是盈利模式的设计、落地执行计划，或是融资需求的程度，等等，都要以"是否有利于满足或缓解业界痛点问题"这一目标去设计和筹划。把锁定痛点问题作为项目路演的主题，就好比射箭需要先定好靶心一样，如果没有目标，那么我们所有的努力都是无的放矢。

什么是项目的"痛点问题"？

"痛点问题"有两个方面的含义：一是指现在商业框架内，用户未被满足的需要所带来的痛点；二是指现有商业框架之外，业界技术难以突破的瓶颈所引致的痛点。应该说，这是两种不同形式的项目立意路径。一个是从下至上，是市场上用户未满足的需要所引致的项目创新，另一个是从上至下，是突破技术上的瓶颈所引发的项目创新，如图3-1所示。这两者并不矛盾，就像泉水喷涌而出时，有两个不同的源头一样。

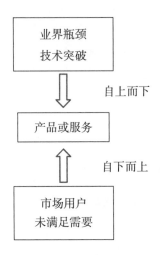

图3-1 两条指向产品/服务创新的路径示意图

我们知道,未被满足的需要常常会带来用户内隐的紧张,以及不便利、不畅快、不如意等外显的情感体验,而这就构成了一种张力,用户期望得到改善和解决。如果一个产品或服务能够应对某个痛点提出有效的解决方案,用户内部需要未被满足的紧张与外部新产品/服务的存在这两种合力共同作用并不断增强,便可以促进用户顺利做出购买决策。譬如,由于外国人来华留学和工作的人数剧增,他们迫切需要学习汉语,一个帮助外国人学习汉语的项目"GoEast"应运而生,深受投资人青睐。

而业界痛点是业界亟待突破的瓶颈,解决这个问题一般需要重大的技术革新,它将引发业界颠覆式的变革。它不是简单地解决用户使用中不便利的问题,也不是对现有产品或服务的"小的改良",而是由于实验室的科研技术方面的重大突破而产生的新产品/服务。在全国第四届创新创业大赛决赛现场,许多拥有专利技术的高科技项目,对原有的业界瓶颈提供了崭新的解决方案,完全是对业界原有形式的颠覆。当年乔布斯发明iPhone就是一个非常典型的例子。iPhone使手机从按键式转换到滑屏式,相当于开启了一个新时代。再譬如,有一项路演项目介绍"水解可溶胶"技术的突破,技术上的突破,使得它有可能应用在不同的市场领域，如广告业、家庭装修业等多个需要用胶做涂层的行业。它解决的不只是一个应用市场的用户痛点，而可能是多个相关领域内一大批长期被"胶的毒副作用"所困扰的使用者的问题。所以这个项目当然会吸引投资人。

如何判定"痛点问题"？

任何一个项目存在的价值都在于其对某个痛点的解决程度。在项目路演时，人们判断一个项目的价值大小，就是根据其对"痛点"的思考和处理情况而定的。所以项目路演对痛点的选择和界定就显得十分重要。

对于用户痛点的定位，我们一般要考虑以下三个具体问题。

第一，"痛的程度"。项目所瞄准的目标市场，其用户/业界痛点"痛"的程度决定了人们想要摆脱现状的程度。人们越感觉"痛"，其想改变现状的愿望就越迫切。反之，如果人们觉得现状可以忍受，就可能会对你所提出的解决方案无动于衷。

第二，具有同样痛点的潜在用户的"数量规模"。在决定某项目是否有必要进行商业运作时，用户数量是一个非常重要的指标。如果具有类似痛点的市场用户数量太少，则很难支撑起后期项目运营中的各种成本。所以市场用户数量要达到一定的规模，这个项目才值得去做。

第三，痛点的现行解决方案。当痛点既痛又达到一定体量时，还要考虑针对该痛点现有的解决方案是否有效。只有发现了现有的解决方案有可被弥补的缺陷时，我们才有可作为的空间；也只有解决方案能超越现有的所有解决方案，我们才有立命的根本。

业界瓶颈引致的痛点定位，常常需要科研上的创新，我们需要做如下判断。

第一，技术颠覆的程度。每一项重大的科技进步都会对我们的生活带来重大的影响，这些属于颠覆性创新。它不可能是一蹴而就的，它需要研究人员通过规范的科学研究获得可信与可靠的科研成果。"实验室研究""专利证书""高端领军人才""研发团队"等是其使用的高频词。但人们对于许多领域的探寻和认知都还非常有限，对现有知识壁垒的突破，以及实验室研究向实践应用技术的转化过程十分关键。没有科技含量，或没有通过应用检验，一项技术很难支撑起一个好的项目。

第二，应用领域需求程度。对技术瓶颈的突破属于基础性创新，它往往可以被应用到许多相关的领域。这种革新是颠覆性的，会对市场上现有的产品或服务提出挑战，但这也考验着新技术的市场接纳程度，创新只有给客户带来实际的价值，才会被需要，才有生命力。

第三，实现的资源条件。一项技术革新能否支撑起一个好项目，还要看其在某商用领域里实现的可能性。因为革新可能会带来一系列变化，而所有的变化都是有条件的。依靠人力、物力、财力的高度支持和可利用资源对项目正常运营的保障，并最终产生价值才是项目成功的关键。

有这样一个项目：有人研发了一套具有磁悬浮功能的电磁炉，炒锅在上面炒菜时，不像其他电炒锅那样一离开台面就断电不能加热了，由于磁感应，即便拿起炒锅翻炒仍可继续给食物加热。创造人对该技术申请了专利，计划把该技术应用在"餐厅厨房"改造上，想利用它与一套全不锈钢厨房设备，引发一场餐厅厨房的革命。我们通过以上所说的三个方面来分析一下这个项目：第一，这应该是一项好技术，新电磁炉完全不同于已有的电磁炉，算是一项颠覆性创新。第二，当该技术被运用于餐厅做加热设备时，它在市场上被需求的程度如何呢？人们常用的天燃气、煤、燃油等锅炉，都比电加热更方便快捷、经济实惠,为什么要用电磁炉呢?你的电磁炉干净整洁,但成本也更高,一个餐厅老板不会为了干净整洁而放弃热效率和低成本。所以可以说,这个项目的市场需求度并不高。第三,大众餐厅使用整套电磁炉,功率太大,一般商业电路承担不了,这就是一个实际应用限制因素。所以该路演项目把自己的技术定位在"大众餐厅厨房的革命",根本没办法实现。

现有痛点陈述存在的不足

在我们研究的项目路演中,路演时痛点陈述存在的主要问题表现在锁定痛点和展示痛点两个方面,具体可以总结为以下几个方面。

◇ 不痛

不痛指痛点问题针对性不强。有些项目是根据创始人所拥有的专长或技术来开发的一款产品或服务,但它没有针对用户需要,而是完全资源导向的,是创始人臆想的,因而也就不接地气,难以形成独特的用户群。譬如,一个路演名为"Mis私人定制"——几个懂艺术和调酒的青年,想通过私人定制鸡尾酒来打造一个互联网女性创意酒文化品牌。他们设计了公司Logo和吉祥物,开发了几款可自行调配的鸡尾酒,还有装酒的器皿等。但人们为什么需要这样一份私人定制的鸡尾酒呢?这类创新并不属于技术上的突破。目标用户需求度如何呢?什么场合的哪些人需要呢?文化中酒类品牌的建构是否很容易?项目完全是创造人臆想的故事,而没有把握市场上真实的"女性酒品"的用户痛点。

◇ 没体量

没体量指具有该痛点的用户规模不够大。有些项目路演中所展示的产品或服务应该说是有一定市场的，但有此种需要的用户小而分散，所提出的运营模式没有办法实现用户整合，也没有体现规模效益的可行方案。譬如，有一个项目融资路演介绍一款小区亲子互动APP，项目希望通过此APP以孩子为纽带来活化小区内的邻里关系，提高孩子教养效率。它瞄准了有学龄前儿童的家庭，认为"全国有1.11亿个此类家庭，亲子消费市场有5 500亿元"。项目想通过小区建构妈妈群来实现互动，其存在的逻辑是基于实体且亲密的"互动"，因此任何跨区或跨城都是没意义的，但这就存在由谁来组织、由谁来管理、如何实现不同小区甚或不同城市中小区之间的互动等诸多问题。因而，在这一思路下有效的"可互动妈妈"的用户规模就十分有限。

◇ 泛化

泛化指忽视用户痛点的识别，夸大项目的适用领域。有些项目总是倾向于把自己理解成"包治百病"的医生，好像自己的产品或服务是针对整个市场的，这就是用户目标定位不清而表现出来的泛化现象。譬如，前面提到的大学校园网，其目标对象是4 000万在校大学生，想为大学生提供所有服务：校园二手信息发布、找工作、培训、法律或心理咨询等。但这样设计存在的问题是：当提供的产品或服务跨度太大时，你凭什么能把所需要的各种资源整合在一起？这种"野心勃勃"的项目，实际就是犯了需求泛化的错误，它并没有把自己可调动的资源或专属特长，与市场特定用户的具体痛点衔接起来。

◇ 错位

错位指项目拥有突破性的专利技术，但技术的应用场景不对路，即瞄准的目标市场与所提供的解决方案不匹配。项目有目标市场，但所提供的解决方案根本不能缓解该市场用户的痛点。譬如，有一个融资路演介绍"睡眠岛"项目，该项目想帮助人们解决睡眠问题。现代人非常关注睡眠质量，但项目主推的是一款具有专利技术的"脑波分析仪"，而不是有针对性的失眠治疗方案。无论你怎样分析脑波的情况，若没有合适的治疗方案，又如何能帮助用户改善睡眠质量呢？这是瞄准的用户痛点与所提供的解决方案不匹配的典型表现。

如何更好地展示痛点问题？

我们把痛点问题定位视为项目路演的主题，其他系统要素应围绕主题来提升路演的有效性。你对项目痛点的识别和界定影响着后续项目的目标市场的确定、市场空间的大小、计划执行情况、盈利模式设计、融资需求程度等诸多方面的陈述导向。

始于"业界痛点"的项目

前面已经介绍了，"业界痛点"就是指业界技术难以突破的"瓶颈"问题所引致的痛点。这个相对来说较好界定和展示，因为你手中所持有的创新项目的技术含量如何，只要看一看专利证书就清楚了。而对于始于"业界痛点"的项目，你只需明确以下三点：第一，对于所拥有的技术，你只要清楚地表达该技术目前的行业发展状况，以及突破点在哪里。第二，相对于市场上现有的技术，明确你的项目技术优势和劣势在哪里。第三，明确地告知投资人现在该领域的进入壁垒如何。这三方面的陈述可以帮助观众更好地理解项目的业界定位，也可以使观众据此来预判项目的潜在价值。

在第四届全国创新创业大赛"新材料行业"的总决赛中，所有的项目都具有自主研发专利，它们大多是来自实验室研究的原创性的技术突破，而后又被应用在相关的领域内。此时澄清本项目技术如何针对现在行业痛点实现突破，是让人们更好地认同你的项目的关键。譬如，有一个路演项目"由生物汽油异丁醇生产有机玻璃单体的绿色洁净化工工艺"，在"项目概述"部分，路演者就开宗明意地给出"有机玻璃单体的行业现状"，告诉观众这个领域的全球市场规模大约为114亿美元（2014年），中国没有任何自主的单体生产工艺，全球现有工艺都依赖于石化原料，这种状况存在的问题是100%碳排放、能耗高、污染严重。具体表述情况如图3-2所示。这就描述了业界的"痛点"问题，既说明这里存在一个很大的市场，给出中国在该领域的空白现状，又告知业界存在的瓶颈，由此提出一个预设：如果行业上有重大的技术突破，则会有很大的发展空间。如此一来，观众对路演者带来的技术突破产生兴趣，产生想进一步了解的好奇心，从而为观众接受路演者的项目方案做好了思想上的铺垫。这就好比你在人们的大脑中把其他阻塞你的信息的障

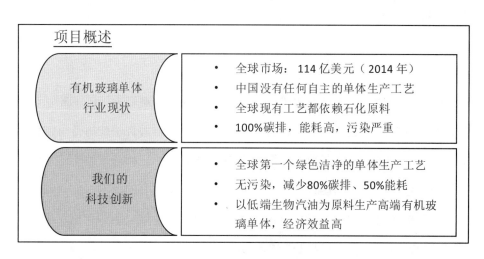

图3-2　"由生物汽油异丁醇生产有机玻璃单体的绿色洁净化工工艺"
项目业界痛点的表述

资料来源：第四届全国创新创业大赛"新能源组"决赛视频。http://www.cxcyds.com/index/dssp_detail/id/1718

碍物隔离开，开垦出一块属于自己的处女地。紧接着，路演者提出"我们的科技创新"：我们是全球第一个绿色洁净的单体生产工艺，该工艺以低端生物汽油为原料，生产高端有机玻璃单体，经济效益高，且无污染，减少80%碳排、50%能耗。如此呼应就让人们对该项目形成了基本的认识，当路演者再给出其市场应用面的广泛性后，人们对项目的期待就更高了。

在我们所研究的项目中，也有一些有专利技术的项目路演不是始于对业界痛点的介绍，这些项目一开始就直接介绍"我是谁""我的工艺如何"等。我们称这类路演为"始于自我的项目路演"。那么这样的项目路演效果如何呢？

我们来看一个例子：在第四届全国创新创业大赛中，我们看到一个名为"氟硅纳米防污憎水涂料添加剂"的路演。在未对业界痛点进行任何分析的情况下，路演者一上台就开始"产品简介"，强调"我们团队自主研发的ADM80-1氟硅纳米乳液是一款水性环保的水、油两相通的高效防污憎水涂料剂，目标客户是各大涂料企业，包括建筑涂料、木器涂料、汽车涂料、工业涂料等领域"。然后出示了自己的专利证书，最后展示产品的技术工艺流程。我们来分析一下这种始于自我的项目路演：（1）对于路演者先给出的一长串的名字，人们是没有概念的，因为太专业，而且名字太长，不便于理解和记忆；（2）路演者强调是"水性环保""水、油两相通的高效防污憎水涂料剂"，这些专业词汇人们是没有概念的，观众若不是本领域从业者，对这些专业术语是没有实质认识的；（3）路演者所说的"水、油两相通的高效防污憎水涂料剂"的质性描绘也是空洞的，因为大家没有专业知识对"高效"进行判断，所以非专业的观众脑海中也就不可能有任何"高—中—低"的判别标准，更不会有"何为高效"的意识；（4）路演者在开场给出的目标客户是"各大涂料企业"，这更让人感到迷茫了，因为不同的目标客户所使用的涂料一定会有差异，这会让人产生"如何应对市场偏好"的困惑。总之，这种单刀直入，上来就进行自我陈述的项目路演，很容易让人听得一头雾水，看似给观众阐述了许多产品特点，但由于观众没有办法识别优劣，也就没办法加工判断这些信息，从而使观众很难理解所听到的内容。没有理解就没有沟通，沟通的基本原理就是：不是你说了什么，而是对方理解到了什么。所以，这种"始于自我"的项目路演就容易产生路演者一厢情愿，而受众没有理解的问题。

总而言之，对于来自业界技术突破的创新项目，应该把"业界痛点"陈述清楚。因为此类项目一般非常独特，所在的领域比较具体，而对于许多非专业人士来说，此领域是比较陌生的。观众并不是你所在领域的专家，很难理解你所讲的信息，你讲得天花乱坠，观众却容易形成"王婆卖瓜，自卖自夸"的初步印象。这其实就是你的项目路演缺乏主题定位的问题。就如驾驶一艘船在茫茫大海中航行，你一定要有罗盘仪进行具体的方向定位，在项目路演中，你只有把"业界痛点"剖析清楚，再说明你对这一痛点的解决方案，这样有参照和比对，才可以让观众较为透彻地理解你的项目。

始于"用户痛点"的项目

在项目路演时，你应该先让观众认识到目标用户会有哪些不便利或不舒服的地方，也就是我们所说的"用户痛点"，然后再来展示自身产品的独特优势。这样，就等于先在观众脑海中开辟出一块自留田，再在上面种庄稼，这样才会让观众认识到新产品的价值，也才会建立起用户需求与该产品所能提供价值之间的关联。而不应该在观众对问题还不是很理解时，强行推介产品。

我们分以下三步来完成这个部分的任务。

第一步，确定用户痛点。

用户痛点即因为一些未被满足的需要而引发的用户感觉不满意的地方。

一个好的项目路演一定会瞄准自己的产品或服务所能解决的用户痛点，从而体现出项目的独特价值。如果用户痛点没有找对，就如同拿着枪（自己的解决方案）上战场（市场），没认准敌人就乱打一通，做的全是无用功。

在我们所研究的项目路演中，常常会出现前面所说的不痛、没体量、泛化、错位等问题。对于解决用户痛点问题，许多项目动辄就是针对全国13亿人口的，想象如果所有人都用我的产品，那将是何等壮观的境象。孰不知，这个市场上充斥着琳琅满目的商品，能分到你的产品的用户是非常有限的。例如，一个自创品牌的魔方产品，在项目路演中就提出："我觉得魔方玩家是全年龄段、全场景、全档期的"，但我们周围的人是否是人手一个魔方呢？一个家庭一般只有一个魔方，它完全是一个小众的娱乐产品，只在特定的人群，譬如青少年中会产生群聚现象，若把它说得大而全，与观众的理解不吻合，自然削弱了观众对项目的好感。路演者完全没有市场细分的概念意识，以为这样说人们就会被自己的产品或服务所打动，这种观点是不对的。人们知道了产品或服务的解决方案后，自然会根据自己的经验形成与之匹配的用户类型，除非你有充足的证据证明你对市场容量的推理是合理的，否则人们的经验会极大地影响其对项目的好感和兴趣。

明确用户痛点源于对产品或服务所针对的目标市场的细分、选择与定位。第一步是市场细分。市场细分的过程包括识别细分市场的基础特征，然后勾勒其轮廓，使用人口特征和消费模式特征相结合的方式来定义项目自身的细分市场。但是，很多创业者进行市场细分时往往忽视了西奥多·莱维特很早就提出的警告：顾客不是想买一个1/4英寸的钻孔机，而是想要一个1/4英寸的孔。若针对钻孔机进行项目融资路演，人们可能需要的不是对钻孔机市场情况的分析，而是钻孔都有哪些途径。第二步是市场选择。要根据不同细分市场的情况，考虑自己的产品或服务所针对的特定目标市场。第三步是建立独特定位。定位是指项目满足市场用户需要的方式。市场定位并不是回答产品能做些什么，而是回答对潜在用户我们能做些什么。譬如，一个卖鸡蛋的项目，可以定位于满足人们对于鸡蛋的一般功能的需求，即鸡蛋含有丰富的蛋白质；也可以定位于部分人对健康原生态食品的渴望，强调其是农家散养，用自然谷物饲养的鸡所产的蛋。从这个例子中我们可以看到，澄清项目独特的定位能够让用户感知项目的存在，以及与其他竞争对手的区别。项目定位不同，项目后期的运营方式也会大相径庭。

第二步，提炼用户痛点。

定位用户及其痛点以后，接下来就需要提炼和澄清了。现在许多项目在介绍用户痛点时都会让人抓不住重点，产生隔靴搔痒之感。譬如，"无限衣橱"项目将自己定义为"专注于中高端场合类服饰分享平台"。它在总结用户痛点时，提出"目前高端礼服市场上存在以下问题：A. 单价过高；B. 不易获取；C. 不易重用"。此项目是针对"购买高档礼服的人"而言的，第三点"不易重用"，提炼得是否到位，值得商榷。因为如果场合不同、人群不同，礼服是可以重复使用的，但问题是这样的情况其实很少。所以第三点应改为"购买使用频率不高"才更准确。对于一个高端礼服租赁平台来说，用户痛点并不应该是"购买的痛"，而应该是当前市场上"租赁的痛"。它应该与现有的高端场合类礼服租赁类企业进行对比，讲出自身项目的优势，也就是应该针对人们在租赁高端礼服时的不满之处展开论述。所以如何提炼用户痛点是项目路演的一个重要方面。

路演者需要对用户使用体验有充分理解，深刻洞察用户在使用产品或服务时的感受，才能从中提炼出关键痛点，并向观众展示出来。为了打动路演观众，我们需要从以下几个方面着手。

（1）在陈述用户痛点时，要与观众建立强关联。

在陈述用户痛点时，不要只强调这个问题的重要性和紧迫性，而要看与用户的日常生活和其使用感受息息相关的体验是什么。如果你说的话没有让观众体会到对自己的意义和价值，即便你讲得天花乱坠，观众也不会有代入感，甚至会失去继续听下去的耐心。

例如，一个关于远程阀门智能控制系统的创业项目，它刚开始的设计是以切尔诺贝利核电站为例，来说明智能监控系统多么重要。这个例子虽然广为人知，可与项目的目标用户及其痛点并没有什么关系，因为这个项目并不是解决这样的核电站问题，它只是解决一些中小企业线路安全监控的问题，譬如，对陈旧的管道线路进行的泄露排查等。路演者后来改用相关用户事故的新闻报道与爆炸现场的惨烈图片进行切入，效果不错，非常生动而感人。所以陈述用户痛点，就应该从用户立场出发，总结提炼用户未被满足的需要，建立起项目路演内容与用户痛点的关联，这样才能把观众带入项目中，使其对项目接下来所能够提供的解决方案产生好奇心。

（2）以高情感卷入度为标准，而不是以问题重要度为标准。

痛点要有高感知频率，也就是说，是能在日常生活中经常感受到的。所以，与其寻找最痛的痛点，不如考虑该痛点和人们生活情境的黏性。一定要仔细思考：这个痛点是否每天都能被用户所处的情境诱发出来。判断"痛点"是否有效的一个关键因素是它被激活的频率。

有这样一个案例：某厂商为宣传其孕妇奶粉推出了一个"礼赞勇敢孕妈咪"小视频，它对用户痛点的陈述可能会给我们一些启发。通常情况下，我们会认为，对于孕妇而言，最深刻的痛点就是"分娩一刻"。都说生孩子是世界上最痛的痛，我们对母亲的赞美，也往往从"分娩的痛"这个角度出发，用母亲满头大汗、面部扭曲、声嘶力竭的画面来渲染这个痛点。但是，这真的能戳中孕妈妈的痛点吗？毕竟，生孩子这个过程对大多数妈妈而言，只有一两次，孕妈妈不需要每天面对"分娩一刻"。该厂商这条视频另辟蹊径，从孕妈妈的日常变化中寻找痛点。例如：怀孕后体重增加了，只能穿平底鞋了，只能素颜出门等。这些都是孕妈妈在十月怀胎里，几乎天天要面对的现实,这也让孕妈妈无法再像怀孕前那样随心所欲了。这条视频没有从"英雄主义"的视角赞扬母亲的不易,而是抓住日常中孕妈妈点滴细微的变化,结合现代女性怀孕后的心理感受,呈现女性的"勇敢"。

我们来感受下这组"痛点文案"。

资料来源:http://v.youku.com/v_show/id_XOTA3Mjk4Mjky.html?spm=a2h0j.11185381.listitem_page1.5~A

融资路演中,以能使用户产生强烈情感的方式来总结用户痛点,才会使人感动,有时候细节的体验比那些最后获得成功的壮举更能打动人。例如,"启蒙听听"项目融资路演——一个儿童智能玩具解决方案的项目,在路演中路演者是这样开场的:"大家好!我是启蒙听听基金的创始人××。我是一位妈妈,也是一位创业者。身为妈妈,我和所有父母一样,爱着我的孩子。也经历着初为人母的各种紧张、积极、幸福、担忧、焦虑与期待,我在为使我的孩子变得更好做着各种各样的努力,但我又知道我有很多方面做得不合格。比方说,我工作很忙,经常出差,我可能没有办法时时刻刻陪伴我的孩子。比如说,我想给孩子唱一首儿歌或讲一个动听的故事,但当我准备开口的那一刻,我却不知道到底要怎样去做……"这个项目巧妙地从一位母亲的日常陪伴的细节过程说起,引出一款儿童智能玩具的替代方案,这样的开头往往更能打动观众。

第三步,表达用户痛点。

在我们明确了用户痛点,也从观众立场出发提炼了高情感卷入的用户未满足的需要后，我们要做的，就是帮助用户道出他们心底的呼声，把我们用理性和感性分析、理解和洞察到的用户未被满足的需求，用最能打动观众的方式表达出来。

项目路演者在了解行业发展趋势，或实验室新突破，或现有解决方案的不足之处后，提炼出用户痛点。这里不仅要体现出项目路演者对本质问题的把握程度，还要使观众有强的情感"卷入度"。情感卷入度是营销学中的一个概念，原本是消费者针对广告或产品而界定的，在这里，则指观众所察觉到的项目路演内容与其内在需求、生活理想及兴趣相关联的程度。

理想的用户痛点，应该能达到以下效果：

（1）巨大反差。

根据人的认知感受规律，当呈现出前后两种截然不同的事物时，两者之间的反差会给人们带来强烈的认知感受，而且更容易调动人的惊觉性来认知新事物。因而，在进行用户痛点陈述时，若能针对现有用户痛点，指出项目的解决方案会带来什么样前所未有的变化，则前后两者之间的反差更容易让观众产生兴趣，进而想要了解更多关于你的解决方案的详细信息。如此，开场白"钩住"观众注意力的目的就达到了。

让我们来看一个成功项目路演的开场白。在"皓庭新风"项目路演中，一开场，路演者就问现场的观众："你们来这里的时候，都带口罩了吗？"接着说："是的，的确（北京空气污染）太严重了。我的孩子已经待在家里几天不出门了。"然后，用一组数据说明新风系统的发展以及一些发达国家的住宅新风系统安装情况，与"开窗通风"的传统模式形成鲜明对比，强烈衬托出需要有新的解决室内空气质量问题的策略。

（2）标新立异。

人们常常会对新鲜事物产生兴趣，若你在总结用户痛点之上，能让观众对项目所提出的解决方案产生新、奇、特的印象，就能很好地引起他们的兴趣。一些新造词汇最能产生标新立异的效果，因为重新"框定"一个问题，就像另立一个山头一样，能让人看到别样的风景。

譬如，有一个"全景相机"项目路演，开场白是："我们向用户提供360度全景相机及其配件设备。"并用一小段视频来展示全景相机拍摄的效果，给人留下很深的印象。这个路演用了一个"全景相机"的新概念，而不是在二维平面成像的传统观念基础之上采用"三维相机"之类的概念。全新的词汇非常容易激发人们强烈的好奇心，"新鲜感"是认知感受的一个非常重要的影响因素，若一个新颖的项目能够用新的概念来框定，则一定会引发人们强烈的兴趣。

（3）直戳人心。

现实生活中，有些人说话会说到人的心里去，把我们无法言表的痛说出来。在一个项目路演中，如果提出一些主张是观众隐约感到但并没有清晰意识到的，路演者的话就会直入人心。由此提出的用户痛点也会激起人们内心强烈的涟漪，从而引发人们强烈的共鸣。

让我们看一个例子。滴滴专车的宣传片："今天你会坐好一点么？"专车服务费用比快车/出租车费用高，它有两大卖点：一是车况更好，二是司机服务更体贴入微。这些卖点对于使用专车的人，意味着更舒服、更无忧、更显身份。如果宣传片只是从这三个角度进行创意表达，策略并不新颖，也谈不上抓住用户的痛点。中国人的价值观看重"无私"，当我们想对自己好一点时，总会情不自禁地顾虑别人的目光。"对自己好一点"却是不少人想表达却不好意思说的想法，它为打专车的群体找到了一个情感出口。

观众会自觉判断你的产品或服务的价值，若你的项目痛点定位能产生这样的效果，则说明你真正找到了用户的刚性需求，该项目值得你投入更多的时间和精力。

开场白与"痛点问题"

彼得·迈尔斯（Peter Meyers）在《高效演讲》（*As We Speak*）中提到了"七秒法则"，即在听众决定是否关注你的讲话之前，你只有七秒的时间可以利用，所以开场白对于一个项目融资路演来说非常重要。综观现有的较为成功的项目融资路演，开场白五花八门：有的一上来就介绍自己的项目，也有的从介绍强大的团队开始，还有的从公司成长历程说起，等等。

通过对网络上120多个融资路演视频中得分较高的项目进行分析，我们发现这样一个结论："痛点问题"是项目路演的和谐主题。在设计和展示你的项目时，明确痛点问题是其他各要素协同一致的根本前提。但开场白并非一定要陈述用户痛点，开场白主要是为了给观众留下良好的第一印象，所以应该遵循"优势领先"的规律，就是你的项目有什么主打优势，可以首先出场展示给观众，特别是投资人，使他们对你的项目产生深刻印象。

项目路演结构布局有多种形式，但万变不离其宗的是路演各要素围绕主题的设计优化，以体现出项目自身的价值。项目路演的开场非常重要，如果没能在开始时吸引观众的注意、引发观众的兴趣，那么准备得再认真的路演都可能会功亏一篑。《魏斯曼演讲圣经》（*The Art of Telling Your Story*）提醒我们：记住，我们绝没有第二次机会去弥补第一印象的不足。

项目路演开场白与所有的商务演讲开场白一样，要迅速吸引观众。韩国的金炅泰在《他是如何说服听众的》一书中提出的"开场钓钩"的概念，他说，要在开场使观众产生浓厚兴趣，就必须抛出使观众专注的"鱼饵"。项目融资路演也是一种商务演讲，开场时刻应该是你与观众建立关联关系的时刻。你必须让观众感受到你的项目可能会给他们的生活带来改变，向他们说明你有什么能力和条件，能为其提供何种便利和改善。正如迈尔斯所说的"坡道的建立"，他比喻说："这就像跳台滑雪，坡道会改变你冲击的角度，将你推送到一个更高的水平"，只有让观众产生兴趣，接下来你说的话才能引起他们的注意力。

针对解决市场现存问题的项目，路演者需要先澄清用户痛点，然后再一点点讲解其解决方案。这正如一位风险投资者所说的："你必须在我的大脑中创建一个新的空间，来接收你即将传达给我的信息。如果某个创业者还没有提出问题就抛出他的解决办法，会让我觉得索然无味。他们有一壶香浓的咖啡——这是他们的创意点子，但是他们却没有咖啡杯来盛咖啡。"

我们来看一些从剖析"痛点问题"开场的成功示例。

在网上电子签约的路演项目"上上签"中，它是这样设计开场的：一开始先用一个短视频讲"星爷"的一场官司，路演者说："熟悉娱乐新闻的人都知道，星爷在3个月前输了一场8160万人民币的官司，为什么呢？因为当时他没有办法来北京与某公司签合同，所以输掉了这么多钱。星爷之所以输掉这么多钱就是因为不知道有我们呀，他不知道我们能够帮助用户在网上获得有法律效用的电子签名，帮助您随时随地、想签就签。"这里用了一个娱乐明星因身处异地没法签约而产生损失的例子，来引出自己的项目。这样的陈述一下就抓住了观众的眼球，使人既了解到此问题的重要性，也引发人们想知道如何解决的好奇心。

再譬如，有一个远程智慧医疗平台的项目路演，它的开场白是这样的："我们存在看病难、看病贵的问题，请看一组数据，我们现有270万从业医生，医患比在城市中是2.74/1000人，农村是0.95/1000人，其实美国也只是达到了3点多，但为什么我们会感到看病难呢？这是因为我们的就医习惯，我们一般无论大病小病都喜欢去看专家。什么是专家？三甲三级以上医院副主任医师以上的医生才能被称为专家。专家医生在我们中国只有45万人，那么，看病当然难了。另外，一个医生从学生成为专家需要15年左右的时间。医疗问题的共通点：一是看病难；二是看病质量欠佳。我们今天就从帮助医生尽快成为专家以及帮助医生诊疗方面说起。"从现有医疗行业的问题一步步用确切的数据来推理，引出自己的项目，这种从用户痛点问题分析导入的过程，容易让观众对解决方案产生期待，项目路演者也会给观众留下严谨踏实的良好印象。

还有一种情况，就是项目站在颠覆现有商业逻辑的基础上，来强调自己是如何高打高举、在行业中独树一帜的。这类项目常常是创始人自身具有独特先天优势，该项目可以更好地引领这个行业的新趋势，且能使现在行业中存在的一些大众关注的基本问题迎刃而解。这时，在路演开场时，路演者常用"优势领先"来强调自己的特色。例如，路演者会强调自己是某业界的高端人才，或强调项目已取得的成功经历，或强调项目的突出特点等。但我们在这里需要注意的是，若采用这种模式，你不能只说你看到了什么趋势，同时也要谈你将如何驾驭这个趋势，这样才会让人信服，愿意继续听你的故事。

我们来看一些成功的案例。有一个"蚁视"的项目路演，开场白说："我们在2014年完成了'高大上'的资本运作，得到红杉资本的1 000万美元的融资。然后，我们参加了两次非常'高大上'的国际展会，我们在展会上与国际上的科技界'大佬'进行了深入的交互。我们又在国内开了一次发布会与商界、政界和文艺界的'大佬'进行了交流。那我们是做什么的呢？我们是做虚拟现实的。这是如今移动互联和智能行业最'火'的方向。我们有两条产品线：一个是我们的虚拟现实产品线，包括便携头盔和虚拟现实相机；另一个是先进光学系统的研发产品。一个个来讲，我们的智能头盔是世界第一款全兼容的头盔，我们在创造这个行业全兼容虚拟现实的标准，这是中国人做的一件非常有意义的事情。2005年，我们在全球最大的众筹平台'Keep

Shurter'成功获得众筹，打破中国项目的纪录，获得26万美金融资。2013年建立了一个全新的标准，我们叫它Open VR，2015年6月上线了一个虚拟现实的游戏……"这个路演是从外延迂回来谈自己走着一条如何"高大上"的路线的。从外部筹资到行业定标，都在不断地强调自己不是跟随策略，而是创造行业标准。它没有提及行业痛点，而是表达自己如何领跑。这些数据与事实结合，也会凭借其新颖性和独特性而紧紧抓住观众的眼球。

再譬如，有一个"希磁科技"的项目路演，它的开场白是从公司和创始人简介说起的，具体内容如下："我们是做磁电子材料和磁电子科技的，公司名是宁波希磁科技。我们是2013年成立的，现有70名员工，其中8名博士、10名硕士，我们主要从事的业务就是把电脑里原来那个磁头运用到工业领域。我们就是想通过努力来实现中国磁性传感器零的突破，创立一个中国的品牌。再来介绍一下我自己，我是北大物理系80级的，我在清华大学教了3年书，后来去美国读书并留了下来，在希杰科技做了11年，然后被挖去西部数据（WD），这次跳槽引起了8亿美元的赔偿，所以我还是一个比较值钱的人。我本人也是国家千人专家，发表了170篇论文，申请了100余项专利。"这个项目没有从"用户痛点"开始，因为公司创始人比较权威，拥有颠覆性的核心技术，技术转化为商品后用于多个领域。譬如，人民币防伪的磁技术，是国家指定的行业技术，别人的仪器不好识别，但用他们的产品就很容易辨识。另外，他们还与华为、小米在用电传输、智能家居等领域有合作，所以它比现有市场产品等级标准高出很多。可以看到，其产品是远远超越现有市场产品的，这就使得其项目价值因创始人的背景而受到人们的瞩目。

对于极具特色的项目，路演时则可以展示自己识别的新机会，或自己所拥有的独特资源，这等于打破现有的市场格局，通过标新立异，拓展新的疆土来体现自身的存在价值。对于这类项目，现有行业"用户痛点"的解决应该是其项目路演的主题，而且其解决方案不是对现有漏洞的简单修补，而是重新建构一个新世界。

所以在项目路演之初，路演者要明确：为什么观众要重视你的项目？对他们来说你的项目有什么价值？无论你的开场是从"痛点问题"阐述出发，还是从你的主打优势阐述出发，观众只会关心"那又怎样？"的问题，也就是他们想让你回答"我能从中得到什么？"你必须找到一个令观众感兴趣的开场白，通过清晰地阐释你的项目能够给观众带来什么样的回报而激励他们耐心聆听。

在总结创业项目路演失败的原因时，许多风险投资家都说："创业者在展示项目时总是尝试把2MB的数据信息挤压进一个128KB的管道，这实在太难办到了。"许多创业者在做项目融资路演时，没有找到自己项目的特色，未能规划出一个引人入胜的故事，只是为了介绍项目而陈述说明，而这样很难赋予项目意义，并让观众理解项目的价值。

第4章

路演应该讲什么

第4章

路演应该讲什么

根据前文所述的商业逻辑,我们认为任何一个项目融资路演都需要围绕痛点问题澄清七个方面的内容(如图4-1所示),只有这样才可以让观看者对项目价值形成基本判断。

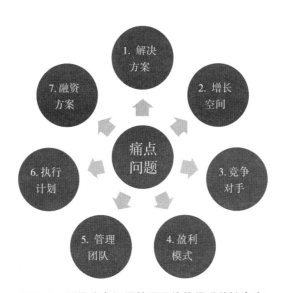

图4-1 围绕痛点问题的项目价值呈现关键内容

这七个内容要素是项目融资路演的核心内容,它应完全凝结在你的路演幻灯片中。在明确了项目融资路演所想要解决的具体问题,即澄清"痛点问题"之后,你就需要围绕这个主题从七个方面分别阐述自己项目的特点和优势,如图4-2所示:你的解决方案是什么?这个项目空间是否足够大?市场上的竞争对手情况如何?你如何赚钱?你有什么资格和条件来做这件事?你具体的落地方案如何?你需要多少资金来做这件事?项目融资路演的关键内容将由以上这些问题的回答形成，接下来我们将分别论述这些内容。

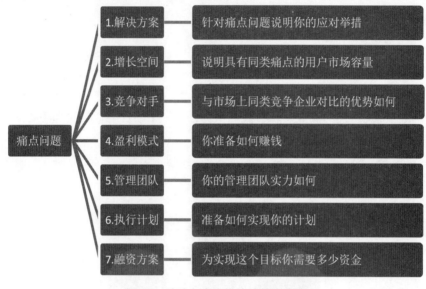

图4-2　路演各内容模块的基本功能

解决方案

对于一个项目路演者来说，让观众认识到用户痛点或市场契机很重要，但接下来更重要的是要让观众知道你的解决之道——它是否可以消除或缓解现有的用户痛点？它与现有解决方案相比是否有独到之处？用户是否愿意为你的解决方案买单？它是否逻辑周密且符合市场规律？

解决方案关注的问题

在解决方案部分，项目路演者应该集中关注以下三个方面的问题。

CHAPTER FOUR | 第4章
路演应该讲什么

第一个问题	你用什么产品或服务来解决或减少用户的痛点?
第二个问题	你的解决方案有什么样的优势?
第三个问题	你的解决方案目前进展到哪一步?

具体分析如下。

第一，你用什么产品或服务来解决或减少用户的痛点?

当把痛点问题投射到市场上之后，你就可以针对这一痛点提出自己项目的产品或服务的定位。因为这个时候观众已经能够看到你要瞄准的靶子，你只要说明自己的解决方案是什么，也就是你准备了什么样的"武器"来射向目标——你能提供的产品或服务思路如何？立意是否新颖？方案是否巧妙？你必须向观众恰如其分地展示解决方案的有效性。

通常路演的时间为8分钟，所以如何在几分钟之内说清楚你的产品或服务的解决方案就成为关键。你不可能展开分析解决方案的原理，你也不可能详述解决方案思路产生的来龙去脉，你只能言简意赅地表达自己的项目是如何满足用户需要的。

从商业模式来看，你提供的产品或服务可以不是一成不变的，完全可以选择用不同的交易方式与用户进行交易。譬如，拿复印机来说，在解决方案部分，你既可以通过直销复印机来满足用户需求，也可以用复印机租赁、复印张数另外计费等方式实现。因而，有效地表达出自己的产品或服务的独特功能是项目融资路演者要努力做到的。

第二，你的解决方案有什么样的优势?

任何方案都不可能是完美的，因此，当你陈述自己的解决方案时，关键在于展示出其优于现有市场上流行的解决方案的独特之处。比如，你的解决方案在提供更高效、更快捷、更便宜、更贴心的产品/服务等方面做了什么？

在陈述项目特色的时候，应该为下面即将展开的竞争对手分析做好铺垫，因为这里所介绍的特色是后续分析你与竞争对手差异的基础，使你的特色在与市场上其他产品的对比中更加鲜明地突显出来。你的优势也只有通过与市场上现存解决方案进行对比，才能更切实地让观众理解。

第三，你的解决方案目前进展到哪一步？

这个问题的关键是让观众知道，你的项目现在只是一个构想，还是已在实验室阶段？是否已经拿出成品？产品正在测试还是已上市出售？你是否为之申请了专利？产品是否达到批量生产的要求？等等。因为不同的投资主体对产品进展阶段的偏好是不一样的，有的人喜欢种子产品，有的人喜欢成熟的产品；有些人风险偏好大，有些人风险偏好小。所以，你必须明确告诉观众项目的进展情况，然后对方才能形成自己的接洽意向。

解决方案展示要遵循的原则

解决方案展示要遵循的原则如下：

第一，在给出解决方案时，要与用户痛点相对应起来，让人们看到你的解决方案如何巧妙地满足了人们的需要。前面提到的所有痛点，你都应该思考到，而不是只解决其中的一部分问题，或者你的解决方案与用户痛点根本不对接。路演开始提出和总结的用户痛点一定要在后面的解决方案中体现出来。

第二，在谈解决方案时，要展示产品或技术带来的成果而非技术细节，即与用户使用该方案后的认知体验关联起来，解决方案应该用所有人都能理解的方式来呈现。对于复杂的技术细节，一般观众很可能听不懂，观众更关注的是你的解决方案的效能和成果，所以，不必让所有人都明白你的产品或服务的复杂原理，但必须让人们知道你是如何解决用户痛点的，以及解决到什么程度。

第三，解决方案的展示逻辑一定要清晰而流畅。这部分的路演形式可以多种多样，但在设计展示顺序时，或由远及近，或由大到小，或由技术到功能，或"总—分—总"，等等，一定要选择一个适合自己的方式，并且前后保持连贯。

解决方案展示的典型类型

◇ 实例一：民用科技产品类

有一个"小蛋科技"的路演项目，在讲解解决方案部分，路演者是这样处理的：先讲产品外观设计的"蛋形"特点——无棱角不磕碰、360度进出风、滤网面积更大、使用寿命长、成本低；进而讲解其智能优势在于操控方便简单，还周到地考虑了"网络环境"和"无网络环境"；继而，又介绍了滤网材料、结构和管理方式；最后，总结小蛋的净化能力，归纳出三个特点：一是CADR550，二是智能APP，三是三重过滤，并总结为一句话："40平方米房间，12分钟完全过滤一次。"

这个项目路演共分为五步，由表及里，由大到小，演绎出小蛋净化器的结构和功能特点，来说明其净化空气的解决方案。路演者让人既了解其别出心裁的结构设计，也能理解其产品功能原理，还有意识地提炼出科技之外的意义和价值在于"40平方米房间，12分钟完全过滤一次"。此路演条理清晰，逻辑合理，结构流畅，让观众能够比较好地了解解决方案的独特优势。

◇ 实例二：工业产品类

有一个"环保型水性可移压敏胶的产业化"项目融资路演，路演者在陈述"我们为什么要做这个产品？因为市场上没有合适的胶！"时，先总结了市场上已有的胶存在的五个方面的问题：（1）大多数是溶剂型背胶；（2）含有有害物质；（3）产品用后有残缺；（4）少数水性胶不能多次使用且稳定性差；（5）多数产品没有知识产权。由此向观众展示了用户痛点，然后向观众讲解他们的解决方案——"我们是如何做到的"。

具体来看，路演者首先总括地讲自己所做的五个方面的工作：第一，首次采用星形高分子（专利授权），胶性牢固，可移性提高；第二，微胶囊胶（专有技术）以水性可移胶取代了溶剂型链球胶；第三，新配方组合使其在多种界面使用并多次可移；第四，采用核—壳嵌段结构；第五，黏性可调，适用多涂布方式。

接下来，路演者详细阐释了其中关键的技术细节，首先展示了一幅比较形象的"星形嵌段高分子耦合剂的合成示意图"，"我们把它叫星形嵌段聚合物，这是我们自己合成的"；再展示"合成路线图"，当然，路演者对于这个复杂的化学过程只用一句话带过："这是一个合成过程，给大家看一下，在这里就不再赘述了"。最后，呈现一组更形象的图来说明"含有微胶囊和星形高分子的胶层在平常像蠕虫一样缩在里面，当你挤压它时，它便打开了，粘贴的分子结构都显现出来，当你把它撕开的时候，它又全面地恢复。这种张开—闭合的可恢复功能是我们独有的，也保证了产品不会氧化，不会老化，可多次使用且非常稳定。"

在结束产品内在机理的展示后，路演者给出一些实证数据说明这项技术的研究成果："2014年我们申请了2项发明专利、10个实用新型，全部通过了。"

最后，路演者展示了市场实际使用的效果，他给出两组比较图：一组是现在市场上常用的产品，另一组是该产品的使用情况。通过对比图，可以说明"我们的产品可以在各种界面通用"。

本项目路演的解决方案展示时长为2分18秒，先高度概括自己的技术特色，让观众形成一个整体的印象，再用示意图解释技术原理，并基于此给出专利申请数据来说明技术成果，最后给出市场运用情况的图示说明。这种路演内容的展示设计得很巧妙：既让观众对其自主专利技术的整体特色形成深刻印象，又让人大概了解其技术内涵，最后用专利和市场信息来证明技术成效，整个展示有理有据，让人印象深刻，把复杂的技术基本表达清楚了。路演者虽然没有像乔布斯那样讲得出神入化，但该项目不是针对大众消费群体的，而是面向投资人或特邀嘉宾等专业人士的，能把复杂的新材料技术讲到这种程度已十分不易。

增长空间

面对某项目，我们必须弄清它是否有足够大的市场。如果只针对少数人，那么这种特例就不是投资人所关注的；如果有巨大的潜在市场，也就是说，许多人具有相似的痛点，那就值得进行商业运作。

增长空间关注的问题

在增长空间部分，项目路演者应该集中关注以下三个方面的问题。

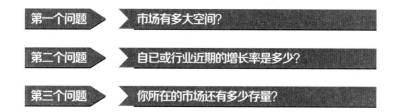

具体介绍如下。

第一个问题：市场有多大空间？

当你识别出用户的痛点后，你需要审视这个市场规模有多大，是否有足够大的空间允许你来分一杯羹。这里主要关注的是具有类似用户痛点的人群情况。一方面，这并不是简单地用人口基数来标记你的市场"空间"，而是要看具体的拥有共同痛点的人群数量；另一方面，这是看能接触到你的产品或服务的真实人群数。

第二个问题：自己或行业近期的增长率是多少？

我们不仅要关注市场是否足够大，还要看市场未来几年是否有可观的增长。因为只有体量大是不够的，如果没有进一步增长的倾向，则说明缺乏持续成长的动力，而未来市场没有增长潜力，极容易导致市场饱和而使项目失去扩展的可能性。

第三个问题：你所在的市场还有多少存量？

在考虑增长空间时，除了关注市场体量和未来增长率之外，还要看有多少未被满足的人群数，这可能才是你的产品或服务的有效用户数。因为只有把市场中已被满足和未被满足的人群区分开来，我们才可以发现项目确切的用户人群数。

增长空间展示要遵循的原则

在增长空间部分，我们应该遵循以下原则。

第一，应该提炼出具有用户痛点的相关人群的数据，而非简单的人口基数。许多创业者的激情往往来源于他们对市场前景的乐观估计，容易把全国人口都视为自己项目的用户。所以数据是否与真实情况相符合是十分关键的。必须弄清楚对你的产品或服务有需要的人口数。

第二，数据最好能反映出未来的增长趋势。在项目路演时，要么展示自己预测的趋势，例如，不是静态地反映过往的情况，而是运用统计分析中对于未来趋势预测的方法，让人们看到未来可能的增长空间；要么通过与标杆数据的比对来反映可能的发展趋势，例如，许多项目在路演时是通过与发达国家对标公司的市场占有率情况的比对，来说明自己还有很大的发展空间。

总之，在这里一定要展示明确的数据，使人们对你项目未来的发展有信心。

第三，数据应该尽量反映出存量空间。路演所呈现的数据最好能反映出未被满足需要的人群数，而不是仅仅给出该产品或服务针对的目标人群的体量。因为提供同类服务的其他企业可能已满足了其中部分目标人群的需要，只有排除掉那些已被满足的需要后，才是你真正可以有所作为的空间。

第四，在表达形式上，趋势由低到高才叫增长。这一条是针对呈现方式而言的，在陈列数据时要注意由低到高和由高到低展示的差别。在展示项目的成长数据时，应该符合人们的认知习惯——从低到高地排列，而不是相反。某学生按2016年、2015年、2014年的顺序来展示数据，他的理由是："这样可以让最大的数目——2016年的数据最先出现在观众的视线中。"但他不知如此倒序排列，人们看到的是越来越低的走势，这完全不符合人们的习惯。

典型增长空间展示

◇ 实例一：工业产品类

"正帆集团的砷烷项目"的路演者在介绍其增长空间时采用了非常有特色的方式。路演者为一张PPT起名为"半导体行业：盛宴下的无奈"，给出一组来自《经济参考报》中WSTS的数据：全球2014年半导体市场为3 330亿美元，中国每年需要支付200亿美元进口半导体芯片，超过石油等能源的进口量。然后给出了一张中国自产芯片与进口芯片的占比图。同时路演者讲述说："在半导体行业，中国需要的芯片中自产的不到10%，中高端的芯片我们自产的连1%都不到。这不仅是一个贸易的问题，在电子战和信息战日益激烈的今天，如果我们所需的各种芯片都是来自其他的国家，我们这场战争还靠什么去打。"

该路演者告诉我们：市场对半导体芯片的需求量非常大，但以往更多依赖进口，国产的半导体行业需要振兴。这一段讲述既给出可靠的数据，又让人们看到市场的存量空间，还传递出一种民族工业振兴的使命感。最为可喜的是，路演者在呈现增长空间数据时使用了形象的比喻方法，譬如，"如果半导体是一个巨人，那么这个巨人身体里流动的就是半导体材料"等，这些都为理性的事实陈述增添了生动的效果。

◇ **实例二：民用产品类**

有一个"SpaceCot婴儿折叠床"项目的融资路演，路演者在谈到旅行折叠婴儿床市场时给出如下一组数据：全球市场为30亿英镑，其中高端产品市场（售价150英镑以上的）为4.5亿英镑（占全球市场的15%），由此说明旅行折叠婴儿床的市场是足够大的。进而，路演者报告全球增长率为每年10%。中国市场占全球市场1/3以上，2013年以来每年增长40%—50%。2017年，中国将成为最大的婴儿产品市场，中国高端婴儿产品市场如婴儿床、汽车座椅、婴儿车等，增长超过40%。

从这组数据中我们可以看到，市场总体量很大，且未来增长率很高，但它没有给出存量信息，原因是：项目路演者认为自己的产品是国外的军工技术转民用，3分钟可折叠的婴儿床，使用方便，从而认为自己具有非常独特的竞争优势，加之路演时期出生的婴儿多为独生子女，父母自然会青睐自己的产品，所以自然地认为市场的增长数就反映着本产品存量空间的增长。

◇ **实例三：教育培训类**

有一个"GoEast"项目的融资路演，在进行市场分析时，路演者运用了三张幻灯片，清晰明确地展示出其市场的发展潜力。路演者是这样分析的："提到语言学习，大家可能首先想到的都是有切肤之痛的英语学习。但在座的各位可能没有想到，在中国，语言学习规模、互联网学习规模第二大的语种是什么——竟然是汉语。不但如此，汉语还有一批非常稳定、付费能力高的用户。

"我们看一下教育部给我们提供的数据，从2005年到2014年，来中国的留学生人数已接近40万,并不比我们出国的人数少,并且在未来的一年有可能接近50万。而且自费生的比例要比我们出国的自费生比例高很多,达到了九成,他们对汉语的学习需求非常高,超过了一半,并且我们调查发现,他们中有一半人青睐远程课程。这几年,外商来华投资人数一直居高不下,说明中国的国际化和对外开放程度越来越高,那么这些商务人士对汉语学习也会有非常大的商务需求。"

"接下来我们把目光投向海外,从2009年到2014年,海外孔子学院逐年增加,现在孔子学院已突破500家,孔子课堂突破1 000个,HK汉语界的托福考生2013年突破了37.5万人,2013年全球汉考的人数已突破了500万人。另外,61个国家和欧盟把汉语教学纳入国民教育体系,并且,我们欣喜地看到学习汉语的人数已突破了1亿。"

路演者很巧妙地从"第二大语种"说起,再给出教育部公布的留学生比例,进而指出来华进行商务接洽的人持续增加,最后给出三组海外汉语学习情况。总之,路演者从多个角度分析了汉语学习有一个极大的市场空间。

竞争对手

竞争对手关注的问题

这部分主要关注以下三个问题。

第一个问题	你的直接竞争对手和间接竞争对手有哪些?
第二个问题	与竞争对手相比你的优势和劣势分别是什么?
第三个问题	这个领域的竞争壁垒如何?

第一个问题：你的直接竞争对手和间接竞争对手有哪些？

在说明用户痛点和增长空间之后，就要进一步说明目前这个市场上都有谁在做什么。因为只有了解了现在市场上已有的产品或服务的状况，你才能够判断是否值得进入这个领域。了解并识别市场上现有的竞争对手，就像知道你要参加比赛的对手是谁一样，只有知己知彼，才能在竞赛中稳操胜券。

第二个问题：与竞争对手相比你的优势和劣势分别是什么？

锁定竞争对手是为了明确其现在所提供的产品或服务的情况，以及它们的存在价值，我们必须了解其已有的优缺点分别是什么，才可能清楚我们自己的定位和特色。世上没有十全十美的事情，我们只有通过比较来弄清自己的优势与劣势，才能够选择适宜的策略来赢得特定用户的青睐。

第三个问题：这个领域的竞争壁垒如何？

可能你的创意非常独特，别人根本就没有想到，也可能你自己具有的能力是其他人所不具备的，甚或是其他人，特别是行业大鳄不屑于你所看中的市场细分领域，等等，详细地分析和思考竞争壁垒有助于明确自己的独特性。在你的思路和想法曝光后，其他人也想来分一杯羹，特别是当行业大鳄想涉足此领域时，你是否还可以生存下去？你的生存基础是什么？思考现有行业的竞争壁垒，决定你是否可以入门，以及后来者的进入难度。

竞争对手展示要遵循的原则

竞争对手部分进行项目路演时要遵循以下原则。

第一，要让观众了解你与谁竞争。在市场经济环境中，很少有一个项目是独一无二的，你一定要识别出自己的竞争对手是谁。它们可能用不同的方式在运营着，但所要解决的用户痛点，即目标市场是一致的。你要清楚地认识它们，并分析清楚自己解决方案的优势所在。

第二，说明自己项目的价值或优势，阐述你比竞争对手强在哪里。在介绍竞争对手情况时，一定要提供充足的数据来详细地分析各种对手的优缺点，要突显自己的价值和优势。一定要直面问题，而不要绕开问题。竞争对手再强大，也不可能是完美无缺的，你与它们一定有所差异，必须客观地分析并找到这些差异，才可以更明确你的存在价值。

第三，一定要站在用户价值的角度来谈各种利弊，不能夜郎自大。在分析竞争对手时一定要用客观数据，站在用户立场上来进行分析，而不能一厢情愿地用主观标准进行判断。听众中一定会有业界同仁，你的分析应该符合他们的直觉判断，不能为了推销自己的项目而夸大其词。

竞争对手展示的典型类型

◇ 实例一：医学产品类

有一个"而然科技——个性化牙冠的工业化定制"项目的融资路演，使用了图表的形式，清晰直观地展示了其与竞争对手之间的差异。路演者详细介绍了他们的产品——纳米梯度一体牙冠，即釉锆。他们通过在化学和结构上的调控，在纳米和分子尺度上编织，由此获得了个性化的牙冠。路演者在介绍目前市面上最好的义齿时说道："第一，它们表面粗糙，临床上不可以直接使用，会有磨对面的牙齿或者不好看等负面影响。而然的釉锆带有牙釉质天然的光泽，可以临床直接应用，而且好看。第二，而然的产品比其他产品都结实耐用。第三，而然的产品磨牙量比较少，比市面上的其他产品少30%，不会使牙齿变成一个小柱子，也不会磨对面的牙齿。另外，而然的牙齿修复流程较市面上最先进的牙齿修复流程更精简，省略了咬牙印、切预烧过的瓷块、反复调磨三个步骤，整个流程简洁很多。总的来说，相比其他竞争对手，而然拥有自己的专家团，拥有高度全面的自主创新、精简的流程，并且产品质量可靠，能够提供全流程的产品和服务。"总之，路演者从核心团队、知识产权、工艺技术、产品质量、发展方向共五个方面来进行比较分析，使其产品特点突显出来，如表4-1所示。

表4-1 "而然科技"项目竞争对手分析表

	义齿加工厂 以广东为代表，>4 000家	国际义齿加工厂 3M, Nobelbiocare	而然
核心团队	老板+牙科技师	专家团	专家团
知识产权	无	材料、制模、设备自主创新	材料、制模、设备、软件、平台全面自主创新
工艺技术	对材料和设备提供商依赖大、工艺落后、流程繁复、效率低下	工艺和效率有待提高	流程简化精准、完全数字化控制、为特殊产品定制提供平台
产品质量	精度低、质量不稳定、医生患者体验差	精度高、质量稳定，但是一定需要技师手动操作完成	精度高、可靠
发展方向	降低人力成本，使用进口设备材料	创新义齿定制业务	产品+服务，重度垂直

资料来源：http://www.cxcyds.com/index/dssp_detail/id/1719

◇ **实例二：工业产品类**

有一个"千吨级聚醚醚酮材料"项目的融资路演，路演者在介绍公司情况时说道："我们公司主营聚醚醚酮的合成及其复合产品的研发生产和销售，已经形成两大类、三大牌号、六大系列以及52个品类，2014年实现销售收入1 400万元，净利润60万元，2015年预计实现销售收入2 500万元，净利润500万元。聚醚醚酮这一产品最初由英国威格斯公司合成，并在军工领域垄断了12年之久，1933年才开始进入民用领域，具有耐高温、自润滑、耐腐蚀、耐水解、阻燃、耐磨、抗辐射、机械性能好等优异性能，与其他特种工程塑料相比具有独特的性能优势，因此，被广泛用在航天航空、军工、核能、机械电子、交通运输、石油天然气以及医疗等领域。"

进而，路演者介绍了行业竞争态势，他是这样说的："目前在全世界，只有比利时、英国、德国各有一家公司实现了PEEK的产业化生产，我们申研公司是第四家实现量产的公司,年产能可以达到1 000吨。在全球范围内,我们公司是继威格斯之后能够使用5 000立升釜进行聚合生产的第二家公司,5 000立升釜聚合PEEK代表了当今合成技术的最高水平。我们获得发明专利4项:国内2项、国际2项。上报受理发明专利8项,还获得7项国际认证。"

路演者以"量产"的能级作为分水岭进行比对,而在5 000立升这个数量级上,路演者所在的公司是全球第二家实现量产的公司,然后又介绍了公司国内和国际专利申报情况,由此让观众知道这是一家具有绝对国际领先水准的公司。

◇ **实例三:民用产品类**

有一个路演项目"SpaceCot婴儿折叠床",路演者在介绍竞争对手时,先通过对四个国家的市场调查,提出用户关注的关键维度是"易用性""舒适度""低于5kg"。然后,路演者插播了一个视频,让观众看到户外打开和折叠不同品牌婴儿床的实际差异。最后,在全球市场上找到三个类似品牌,通过与它们在以上三个维度的定性比对(图4-3所示),来说明自己在三个方面都具有优势,而其他三个品牌则是分别只具有一个相对的优势。

图4-3 "SpaceCot婴儿折叠床"的市场竞争分析

资料来源:http://luyan.chuangye.sina.com.cn/activity/detail/201

这种展示竞争对手的方式，虽然没有用明确的数据来说话，但仍然能使观众清晰地识别竞争对手，同时，突显各自之间的差异；另外，还利用视频来展示具体使用过程，让观众直观感受到这种差距（如图4-4）。

图4-4　"SpaceCot婴儿折叠床"路演项目插播的小视频截图

资料来源：http://luyan.chuangye.sina.com.cn/activity/detail/201

盈利模式

盈利模式关注的问题

这部分主要关注以下三个问题。

第一个问题	你的盈利模式是什么？
第二个问题	你如何快速增加用户？
第三个问题	你的收入模式是否可以延伸？

第一个问题：你的盈利模式是什么？

盈利模式就是指项目赚钱的方法，它是指在一段较长的时间内稳定维持，并能为项目带来源源不断利润的方法。回答这一问题，就是弄清楚该项目是如何赚钱的。

一般常见的盈利模式有如下几种形式。

（1）产品盈利模式。这是通过生产特定的有形产品并出售给用户的一种盈利模式。譬如，依靠出售有形产品，如手机、工业用新合成材料等来盈利。

（2）服务盈利模式。服务盈利模式是指非实体的、无形的一种行为或过程，通过用户消费过程产生的盈利模式。最典型的服务盈利模式是女子SPA生活馆，靠服务的集成使用户获得全新的体验。

（3）产业互动盈利模式。该种模式中，产品使用者是在不同的企业或行业中流水消费的，消费不是独立的单一的现象。产业的上下游业务链之间有不同的控制能力，如一些经营通路网络的经销商对上游企业的反整合等，前者可以在这几种行业中间设计一种信用工具降低客户每次消费的使用成本，后者可以整合企业进入经销商的控制体系，减少中间交易环节，提升竞争优势，同样能盈利。

同一个产品也可以设计完全不同的盈利模式，譬如，以纺纱机为例，盈利来源就至少有以下四种。

第一种是直接让渡产品的所有权。把纺纱机卖掉，这是传统的销售，这时以台为计价方式。

第二种是只让渡产品的使用权。企业仍然保有所有权，把纺纱机租出去，收取租金，这是租赁，此时以租赁时间为计价方式。

第三种是销售产品生产出来的产品。例如为纺纱机构建生产线，销售生产出来的纱线，这里以纱线的售价为计价方式。

第四种是作为投资工具。例如在生产纱线的同时，把纺纱机打包卖给固定收益基金，企业得到流动资金，基金公司获得一个有固定收益的证券化资产包，这时则把其整个收益分为固定和剩余两部分，以价值为计价方式。

第二个问题：你如何快速增加用户？

这个问题是关于你是如何拓展和占领市场的。许多路演者都说项目做大了如何赚钱，却不知道如何做大，但在项目融资路演时，投资人和观众却想知道你针对用户痛点的解决方案是如何在市场上推广的。

一般国内市场拓展模式可分为内部开发、合并和收购、联合开发和战略联盟三种形式。每一种形式又可细分为多种方式，如表4-2所示。

表4-2 国内市场拓展模式的主要形式

主要形式	内部开发模式	合并和收购模式	联合开发和战略联盟模式
细分方式	中间商 区域办事处 销售分支机构	联合经营合资	特许经营 许可经营 分包

资料来源：[英]格里·约翰逊，等著. 公司战略教程[M]. 金占明，等译. 北京：华夏出版社，1998：136-155.

内部开发模式是由企业自己把产品推向目标市场。具体来说，它分为设立中间商、设置区域办事处、成立销售分支机构三种方式。这种模式的风险较大，投资也较大，开发速度较慢，但企业能自己面对市场，有助于更全面地了解其所处市场的情况和特点，对市场的变化能快速反应。虽然内部开发模式的投资成本较大，但企业开始可以选择单一的或少数的几个区域市场进行开发，以减少风险和成本。

合并和收购模式是指企业和相关联的公司进行重组或收购，利用各个企业现有的资源优势使产品快速进入市场。这种模式更有利于国内产品进入国际市场或国外产品进入国内市场，同时还能减少进入市场的成本。它是一种联合经营合资方式。在市场占有率相对稳定的情况下,一家公司想进入一个新的市场是非常困难的,但如果采用收购的方式进入市场,其遭到竞争型对抗的风险就会减少。行业中已有的供应商收购一个竞争者就能增加其市场占有率。通过分并和收购,可增强企业所需要的相关知识和市场资源,获得开发国内外市场的能力。

联合开发和战略联盟模式是指企业之间通过合作的方式,利用各自的技术优势、原材料优势、资源优势等进行联合开发或结成联盟关系将产品快速推向市场。具体来说,它有特许经营、许可经营和分包三种方式。当然,企业之间可以是正式的组织关系,也可以是较松散的协作关系。

表4-3对这三种模式进行了优劣对比。企业必须根据自身条件、市场状况、竞争特点等因素选择最适合当时、当地具体情况的模式来拓展市场。

表4-3 三种拓展模式的优劣比较

拓展模式	优劣比较	
	优点	缺点
内部开发模式	公司控制权大,贴近市场,有效提高产品对市场的适应性	初期成本高,投资回报时间长,利润较高,但财务、管理等方面风险更大;公司内部资源有限,市场开发速度较慢;因投入成本高而导致公司战略调整较慢,缺乏灵活性
合并和收购模式	企业资本投入最少,承担的风险最低;可以帮助企业开拓国际市场,区域市场开发速度较快;具有较高的灵活性	企业需具备先进技术和突出品牌,缺乏对技术的限制,面临新竞争者的风险,质量风险可能影响企业的声誉,低利润回报
联合开发和战略联盟模式	企业资本投入较少,承担的风险较低;可以帮助企业实现区域优势和规模经济,市场开发速度很快,灵活性相对较高	资源有可能被挪用和窃取,产品到达目标市场时间长,对合作方和市场变化把握能力差,市场开发缺乏持久性

第三个问题：你的收入模式是否可以延伸？

此问题是帮助你思考项目在发展过程中是否有新的收入增长点。我们认为至少有以下三种收入延伸的模式。

第一种是平行延伸。这种方式是指随着项目的拓展衍生出不同的功能特性，而它们可以横跨不同的领域来赚钱。譬如，一些互联网项目在初期圈地扩容，发展到一定程度开始收取会员加盟费，当网络平台足够大时就可以引入广告，向广告商收取一定的广告宣传费，或当平台交易量足够大时，会员入会资金可进行金融投资运作，成为这些互联网项目的高级盈利方式。由此，我们就可以看到该项目收入在不同领域内平行发展的延伸轨迹。

第二种是纵深延伸。这种方式是指项目的核心产品通过不断地升级换代而带来相关的收入延伸。譬如，有一个"养爱车"项目路演：养爱车1.0版，只是一个养车管家；养爱车2.0版，用移动互联网理念改造传统修车服务；养爱车3.0版，则是打造整条产业链形成B2B2C的经营模式。每一个版本都有不同的收入来源。

第三种是围绕核心的漫射延伸。这种方式是指一个产品或服务在某单点领域试用成功后，可以复制到其他新的领域，从而增加收入的来源。许多工业材料的创新产品都经历了这样一个路径。譬如，"环保型水性可移压敏胶的产业化"项目路演，介绍一种专利无毒、无害的黏胶，它主要用于数码广告，但路演者介绍该产品也可以用于户内装潢、数码打印等多种需要使用"胶"的领域，由此我们可以看到这种产品可在多领域复制其收入模式，使收入得以在新的拓展领域延伸。

盈利模式展示遵循的原则

盈利模式展示时应该遵循以下原则。

第一，项目盈利模式是路演中不可或缺的一部分，只有清晰陈述自己

"如何赚钱"的打算，才可以让人们看到项目的变现价值。创始人不要一厢情愿地认为只要自己的项目好，就一定可以赚钱。特别是一些专利项目，创始人一般都会认为自己拥有的高精尖技术一定会有用武之地，孰不知，如果没有好的运营规划，再好的实验室技术也不会产生实际价值。

第二，项目盈利模式要向观众交待清楚你准备赚钱的具体形式。譬如，是出售服务、销售产品，还是提供问题解决方案，不同的定位会有不同的盈利模式。

第三，项目初期盈利最好是单点发力。项目初创期资源有限，所以应该先瞄准一个市场作为实验田，在这个市场做好后再向相关领域进行平行、纵深或漫射式的市场延伸。

典型盈利模式展示

◇ **实例一：工业产品类**

有一个名叫"打破国际垄断，材料科技创新"的路演项目，其主营业务是高性能铁基磁致伸缩材料及应用器件的研发、生产和销售，材料是目前金属材料里伸缩系数最大、伸缩速度最快的。从所给出的数据可以看到，该材料与传统材料相比有着相当高的性能优势，全世界只有一家美国竞争对手。

对于这种具有独特竞争优势的企业，它们设计自己的盈利模式是：

（1）在工业产品方面，和行业里的优秀企业结合，根据行业需要，利用材料优势共同研发、创新可提高生产力的设备，然后由专业公司进行行业推广。（2）在民用产品方面，它们一方面进行线上宣传推广，公司没有官网，并在京东、天猫建立旗舰店；另一方在在线下招代理商、建立实体店，全国已经有300家代理商以及150家专卖店和体验店，利用实业+互联网运营模式实现真正的O2O销售。

◇ 实例二：互联网产品类

有一个互联网项目叫"微头条"，路演者是这样介绍自己的盈利模式的："在第一步实现了巨量、海量的流量后，我们正在做第二步——商业模式的变现。我们主要为客户提供集互联网的品牌策划、创意、媒介推广于一体的整合品牌营销方案，采用优化组合的方式，最大限度地利用资源优势为客户提供精品服务。"该项目主要通过以下几个步骤实现盈利。

首先，围绕品牌的特性定制内容，由"微头条"内部顶级创意团队，包括资深的媒体人、记者，以及从"今日头条"、网易等新媒体公司出来的专业从业者，一起利用曾打造过多篇百万、千万级浏览量的内容生产经验为客户量身定制品牌内容。

然后，"微头条"拥有大量优质渠道，包括国内各大主流媒体、200多位行业意见领袖、500多位地域自媒体。运营团队能够帮助品牌寻找精准的受众人群，有效放大品牌曝光的效果；而数据专家团队可以根据内容的特性、目标人群的选择，最优地选择内容分发渠道，放大品牌效果。

最后，数据专家团队会以内容传播出去的用户画像来形成数据报告，反馈给品牌投放方。

在介绍完上述内容之后，路演者还给出两个具体的案例："第一个是我们为深圳的互联网金融客户做过的案例，它的效果非常惊人。客户在我们这里投放了六位数预算的广告，我们通过内容整合营销方案为他实现了3倍于其以往的传统广告模式的投入产出比，为他带来了超过9 000个注册用户。互联网金融行业每个用户的注册成本大概是25美元，我们为他节省了巨大的费用。第二个案例是我们为京东全球购做过的案例，它最后产生的转化率是18.56%，是它们以往做过案例的18倍。相比于竞争对手，我们的数据增长率要比它们高很多，而且已经率先实现了商业模式在国内的试水。"

管理团队

管理团队关注的问题

这部分主要关注以下三个问题。

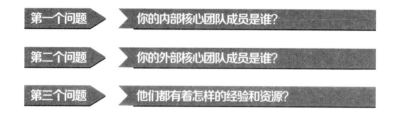

第一个问题：你的内部核心团队成员是谁？

此问题是要搞清楚：如果这是一个很好的市场机会，为什么是由你来做这个事情，而不是别人？你的内部核心团队成员的构成是否合理？具体来说，又可以细分为以下几个问题：

首先，你的团队领头人是谁？他有何个人特色，是有资源，还是有能力，还是有决心来挑头做这个事情？

其次，你的团队成员是否有相关业务经历。譬如，有的项目团队成员在本领域有十多年从业经历，这意味着他们可能积累了丰富的行业人脉资源和处理业务问题的能力。

再次，你的团队成员在业务领域中处于何种地位？譬如有些项目团队中有海外归国人员，有些项目团队中有院士，有些项目团队中有高校教授……这些对于产品创新来说都是非常宝贵的资源。

最后，你的团队成员是否搭配合理？这里主要指业务领域、个人能力、职业特长等的匹配情况。

第二个问题：你的外部核心团队成员是谁？

我们除了考虑内部核心团队成员之外，还要注意一些特殊的人群，譬如技术顾问、管理顾问、重要股东等。这些人也会影响你的项目平台和可能获得的资源与支持。如果你们本身就是一个战斗力特别强的团队，而且拥有一定的外部资源，则一定会增强观众对于你项目的信心。

第三个问题：他们都有着怎样的经验和资源？

核心团队成员的背景意味着经验和资源条件基础，这个问题与前两个问题是不可分割的，若能明确知道有哪些核心团队成员及其在项目中的身份角色，我们就可以知道他将为项目带来什么。观众最关心的是你所聚集的是怎样的一群人，这是靠他们所具备的经验和资源条件来说话的。因而，这里一定不是简单的信息陈述和罗列，而是集中展示证明团队成员能够胜任项目角色的有利事实。

通过对200多个项目路演视频的研究，我们发现，如果路演者给出自己雄厚的背景介绍，将给观众留下十分深刻的印象。譬如，"在阿里待过十多年，支付宝系统是我领着一群人开发的"，或者说"我们项目的CEO是果壳网的姬十三"，或者说"我们项目的技术顾问是××院士，他是我的博士导师，他把自己的院士工作站也设在我们公司了"。这些都极具说服力，能够让观众看到项目团队雄厚的背景和实力。

管理团队展示要遵循的原则

在一个项目路演中，展示项目团队构成实力的部分应该遵循以下原则。

第一，在显示团队成员时，选择主要成员进行展示，并根据需要罗列有说服力的成员，并不是所有人都要罗列出来。

第二，个人信息展示不是像写简历一样事事呈现，也不是职位与头衔的堆砌，而是展示他们与项目相关的主要的经历和成就。

第三，用事实说话比用一堆形容词更有说服力，通过呈现团队成员的经历、社会成就、社会认可地位来让人更好地判断其能力和实力。

第四，每个人最好配一张个人照片，这样可以让观众和投资人通过照片看到团队核心成员的外貌特征。曾国藩说："一身精神，具乎两目，一身骨相，具乎面部。"通过小小的照片，观众便可以对其精、气、神的状态形成一个基本的直观印象。

典型管理团队展示

◇ 实例一：互联网产品类（一）

在"盈盈理财"项目中，路演者是这样介绍自己的团队的："盈盈理财的团队被杭州市市长称为互联网金融领域的'小阿里'，我们来看一下'小阿里'是什么样的。我们的创始人兼CEO是注册会计师、支付宝用户事业部的前总经理，我们的首席风控官、创始人是支付宝信用管理部的前总经理，获过支付宝CEO特别奖，我们的首席技术官是支付宝前高级技术专家，我们的首席运营官是支付宝前高级运营经理。我是盈盈理财的联合创始人，现在也是杭州市互联网金融协会的常务副会长，之前一直在阿里工作，获得了2009年度的阿里总裁特别奖，2011年和马总接待过温家宝总理，我之前带过的团队做的产品是余额宝和滴滴打车。"

在这个路演中，路演者先介绍自己团队是一群从阿里出来的人，他们都是支付宝系统的相关负责人，这些人的来历就已经很有说服力，再看创始人的背景，更是业界的翘楚，所以团队构成实力非常强劲。

◇ 实例二：互联网产品类（二）

在"南京炫佳"项目中，路演者是这样介绍自己的团队的："我们整个团队非常团结，我们的核心团队主要以南大系为主，包括我们的创始人兼CEO是南大的EMBA，技术总监王锋也曾在途牛、西祠担任过CTO，我本人也是南大的MBA，现在负责整个团队的产品，还有我们的市场总监和艺术总监都在行业内有非常丰富的经验。我们的联合创始人包括电视行业的前辈，如永新视博的朱总和卢总以及百视通的芮总和北京佳视互动的洪总。所以，我们的团队无论是经验还是资源都互相弥补得非常好。"

　　这个项目的团队构成主要是"南大帮"，他们有资深的行业经历，而且路演者将创始团队和联合创始人分两路来介绍，增加了构成人员的实力，如图4-5、图4-6所示。路演者还特别用一些形容词来强化人们对团队的认识，譬如，"非常团结""非常丰富的经验""相互弥补"，在路演中，只要不是夸夸其谈，适当的修辞会为路演内容增色，从而增强路演效果。

创始团队

秦林
CEO—创始人
南京大学EMBA，原ZTE创新业务总监，IPTV业务第一代探路人

王锋
技术总监—合伙人
南京大学生命科学专业学士，原途牛高级技术经理，原西祠CTO

李翔
产品总监—合伙人
南京工业大学通信专业硕士，南京大学MBA，原华为海外交付PM

阮建业
市场总监—合伙人
南京农业大学计算机专业学士，原苏宁供应链采购经理，炫佳"本土"培养的合伙人

雷志刚
艺术总监—合伙人
清华大学美术学院学士，联众设计机构创始人，资深艺术设计师

图4-5　"南京炫佳"路演项目的创始团队示例一

资源来源：http://luyan.chuangye.sina.com.cn/activity/detail/232

联合创始团队

朱建华
永新视博（NYSE:STV）
首席执行官及董事长

卢增祥（博士）
永新视博（NYSE:STV）
联合创始人

芮斌
百视通
原高级副总裁

洪均
北京佳视互动
总经理

图4-6 "南京炫佳"路演项目的联合创始人示例二

资源来源：http://luyan.chuangye.sina.com.cn/activity/detail/232

执行计划

执行计划关注的问题

这部分主要关注以下三个问题。

第一个问题	你的项目现在做到什么程度了？
第二个问题	你的下一阶段的目标是什么？
第三个问题	你达成目标的措施是什么？

第一个问题：你的项目现在做到什么程度了？

此问题主要是弄清楚：如果你对项目已经做了前期的设计和规划，那么具体工作都有哪些？在产品迭代、用户数据和财务情况等方面进展如何？做项目"不怕慢，就怕站"。你的思想落地需要一个过程，你是如何推进工作向你的理想靠近的，是已部署了资源架构，还是已进行用户储备，或是已有了相关专有技术的研发和专利申请？在财务方面是否已筹措资金或已开始启动运营？等等，这些都需要向观众，特别是投资人汇报。

第二个问题：你的下一阶段的目标是什么？

这里需要说明如果能够实现此次融资，那么接下来你们会做些什么？主要是介绍在产品更新、用户拓展、市场运营和财务平衡方面有什么样的发展目标。这个目标越明确具体，越能让投资人看到你项目的前景和未来。

这里的展示不是浮夸的、不着边际的妄想，而是基于恰当逻辑之上的数据推导的结果，它反映着项目团队主创人员的洞察力，需要展示出他们不同寻常的市场预见能力，让投资人看到项目的未来前景。

第三个问题：你达成目标的措施是什么？

对于任何一项融资项目来说，在资源有限的创业初期，需要克服的困难是多重的。当项目设定初期的奋斗目标后，如何来保证实施是摆在项目团队面前的艰巨任务。在项目路演时，你不仅要展示项目的远大目标和光明前景，你还需要拿出具体的策略和方案去克服各种阻力。这些举措反映着项目团队整合人脉、驾驭资源、统筹管理和领导的能力，也能显示团队对实现目标的决心和奔赴目标时的智慧。要实现目标，不仅需要具备专业能力，还需要业务领域的积累和相应的成功经验。如果你想撬动地球，那么请告诉投资人你是通过找到怎样的支点来实现这一目标的吧！

执行计划展示要遵循的原则

在项目路演的执行计划展示部分应该遵循以下原则。

第一，执行计划中所设定的发展目标要合情合理。路演者所陈述的目标应该是能让人看得见或感受得到的，切忌目标浮夸和空洞。

第二,执行计划中应该展示一定的项目当前进展状况。这样做的目的是通过前期项目所做的一些扎实的铺垫性工作,让人们看到项目的未来和希望,从而对你的项目产生足够的信心。

第三,在演绎项目执行计划的实现策略时,路演者要讲明自己的思考逻辑。项目领导在构思和实现目标的策略与路径时都会按照一定的逻辑进行推理,一般来说,人们只要接受你的这个逻辑,就会接受项目的目标实现的可能性。

典型执行计划展示

◇ 实例:互联网产品类

在"MOOC学院"项目融资路演中,关于项目执行的计划部分,首先,路演者展示如图4-7,并介绍道:"我们的最终目标是成为一个在线学习推荐引擎,但目标需要一步步来,所以在2013年,我们成立了MOOC学院这样一个第三方在线学习社区,且很快就积累了20万在线用户。在人数不断增加后,我

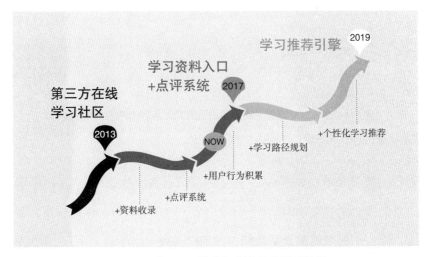

图4-7 "MOOC学院"路演项目发展规划

资料来源:http://luyan.chuangye.sina.com.cn/activity/detail/198

们开始把全球的一些MOOC课程收集到我们的平台上来,并且形成一个点评系统,要求学生学习之后回到平台上来为这些课程打分,基于这些点评,我们又可以更好地为其他学习者推荐课程。后来我们又增加了职业学习和语言类课程,以及公开课等资源。现在我们处在不断积累用户的行为和点评数据这样一个阶段。未来我们还希望能提供个性规划,以及路径化学习方案这样的服务,并最终能够成为一个真正的个性化学习推荐引擎。"

接着,路演者展示如图4-8,继续介绍道:"学习前的选课只是我们的一个切入点,为了提升我们整个服务的生命力,我们还会陆续地推出个性化选课,包括打造个人学习名片的功能。"

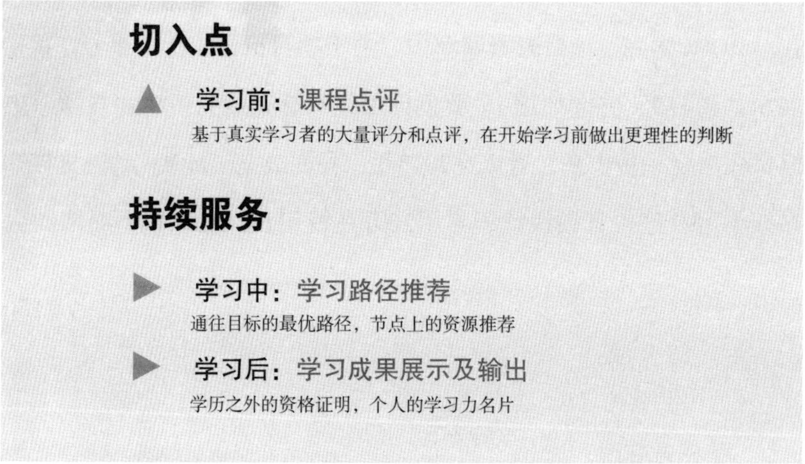

切入点

▲ 学习前:课程点评
基于真实学习者的大量评分和点评,在开始学习前做出更理性的判断

持续服务

▶ 学习中:学习路径推荐
通往目标的最优路径,节点上的资源推荐

▶ 学习后:学习成果展示及输出
学历之外的资格证明,个人的学习力名片

图4-8 "MOOC学院"路演项目现有切入点和未来的持续服务

资料来源:http://luyan.chuangye.sina.com.cn/activity/detail/198

最后,路演者展示如图4-9,陈述项目"目前的状态":"在两年多的时间内,我们已经成为在MOOC这个领域内第一的学习入口,无论你在百度或谷歌搜索,第一个出现的都会是我们。我们已经收录了60多个平台上的9 000多门课程,我们有120万个注册用户,点评数据包括2.3万个用户的深度点评。"路演者来还给出了一个产品课程入口的展示,以及一个用户评价的展示。

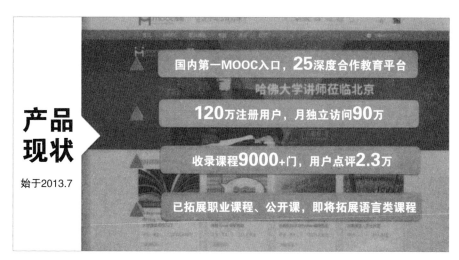

图4-9 "MOOC学院"路演项目的发展现状说明

资料来源:http://luyan.chuangye.sina.com.cn/activity/detail/198

总之,我们可以看到,在这个项目中,路演者对于项目的起源、项目的发展现状、项目未来发展及阶段性目标,以及项目实现的关键步骤都给予了相对充分的说明,比较完整地回答了项目执行计划所包含的问题。

融资方案

融资方案关注的问题

在项目路演中,融资方案常被放在最后,它是在交代完项目其他内容之后向投资人抛出的合作橄榄枝。这部分的介绍一般都比较简单明快,就是基于前期的项目分析提出项目团队的融资设想,希望能得到投资人的认可和青睐。这部分主要关注以下三个问题。

第一个问题	你计划融资多少钱？
第二个问题	你计划出让多少股份？
第三个问题	你打算如何使用这笔资金？

第一个问题：你计划融资多少钱？

你给出的融资额度实际上蕴含着你对项目的估值，以及对自己实现目标可能需要资金的预判。所以，你报出的融资额度既不能太离谱，也不能把零碎开支全包括进去。现在的项目路演融资少则几百万，动辄上千万，甚至上亿元，关键是看你要做多大的事，以及让投资人看到你有做这件事的可能和潜质。在合理的项目估值和预期收益平衡基础上，报出你自己期望的融资目标。

第二个问题：你计划出让多少股份？

这一部分是投资人所关心的，即你计划本次出让给投资人多少股份。你报的融资额度越大，出让的股份也应相对越多。这一步对于投资人来说主要是判断自己的投资是否值得，而对于你来说则要考虑股权的稀释问题，因为一般项目融资都会经历天使轮、A轮、B轮，甚至C轮、D轮，作为项目创始人，你一定要有这种心理准备和长远的发展规划，使项目能够不断吸引优质资源，并获得助力健康成长。

第三个问题：你打算如何使用这笔资金？

无论资金大小，你都必须认真计划如何使用好这笔资金。这笔资金应去向合理，并能对你的项目成长起到关键的支撑作用，这也是投资人所关心的。所以在融资计划部分，项目路演者不仅要展示融资金额和准备出让股份，还要尽可能详细地罗列出你的资金使用规划。规划越详细具体，越会让投资人对你形成"靠谱"的印象。

融资方案展示要遵循的原则

在项目路演中，有关融资计划的展示应该遵循以下原则。

第一，切忌融资额度与项目价值不匹配。不要狮子大张口，简单地模仿其他项目的融资目标，而不顾本项目的价值基础。

第二，融资额度与自己预计达成的目标相适应。资金用途考虑要全面，以使一次融资足以支撑项目的有效运营。

第三，资金用途应该做基本的规划，使投资人可以看到资金合理的使用去向。

典型融资方案展示

◇ 实例一：工业产品类

有一个"柔性聚甲醛纳米孔膜的产业化"项目融资路演，这个项目用两张幻灯片来介绍自己的融资。路演者先介绍了项目的"资金规划"："我们整个公司的注册资本是1 000万元。已经获得了300万元的个人天使投资，我们期望明年进行A轮融资，总的融资金额是1 000万元，拟出让股权10%—15%。融资获得的资金主要用于设备购置、团队建设、市场拓展以及作为流动资金和技术储备。"接下来，路演者向观众介绍了一个阶段性的"发展目标"，路演者说："接下来是我们的一个战略目标：2014年公司注册设立，2016年融资，2017年挂牌，最后实现主板IPO的阶段性战略目标。"

◇ 实例二：互联网产品类

在"MOOC学院"融资项目中，路演者通过如图4-10介绍自己的融资计划："我们目前的融资计划处于B轮的阶段，我们希望在这一轮融资到大概900万美元的资金，占我们整个MOOC学院产品估值的大概15%。大家看到，这个市场是很有潜力的，我们在用户量和点评量上都是比较有竞争优势的，但我们希望更快地推动壁垒的构筑，同时能更快地去占领更多的市场份额。所以这笔钱主要会用于未来两年的市场拓展上，当然也包括未来两年我们的团队建设和内容建设。"

图4-10　"MOOC学院"融资项目的融资计划示例

资料来源：http://luyan.chuangye.sina.com.cn/activity/detail/198

◇ 实例三：民用产品类

在一项"全景相机"项目融资路演中，路演者通过如图4-11介绍自己的融资方案："Teche向客户提供360度全景相机及配套产品，盈利模式是硬件销售+云平台增值服务。现在是A轮融资，拟融资1 800万元人民币，出让15%的股权。融资费用主要用于产品研发、市场营销、专利许可的购买以及自有专利的申请等。"

```
┌─────────────────────────────────────────────────────┐
│  融资需求                                    Teche   │
│                                                     │
│    • 轮数：pre-A                                    │
│                                                     │
│    • 投资费用组成：产品研发（包括软件硬件研发、产品定 │
│      型、设备投入等），市场营销，专利许可的购买及自有 │
│      专利的申请等，平台的开发及部署，小规模生产前期投 │
│      入，流动准备金等，共计需要1 800万—2 000万元人民币│
│      的资金投入                                     │
│                                                     │
│    • 融资规模及出让股权比例1 800万+，15%             │
└─────────────────────────────────────────────────────┘
```

图4-11　"全景相机"项目融资路演中融资计划示例

资料来源：http://luyan.chuangye.sina.com.cn/activity/detail/209

通过以上这些例子我们可以看到，融资是项目路演的落脚点，前期所有的工作都是为这个部分做铺垫的，通过对你项目价值的判断以及你所提出的融资需求，投资人会形成是否近一步接触的判断，甚或初步的投资决策。这里的融资需求的表达或用文字，或用图表，都是围绕基本的三个问题展开的。

第5章

幻灯片的设计

第5章
幻灯片的设计

在项目融资路演中，一方面要注意展示的内容是否完备，另一方面还要注意展示的形式是否妥当，因为幻灯片中的内容，用不同的方式表达，会产生完全不同的路演效果。而且，在融资路演时，观众一边听路演者口头汇报，一边看辅助的幻灯片展示，由于通常口头表达速度较快，有些信息会一带而过，而观众的目光会较长时间地停留在幻灯片上，所以，幻灯片的内容言简意赅地传达路演者的核心思想就显得尤为重要。

幻灯片制作基本原理

视觉展示元素：一图胜千文

项目融资路演时，项目本身的价值除了需要路演者用语言准确地表达出来之外，还要运用幻灯片来呈现和表达。这里除了需要在语言组织上下功夫，还要调用观众的视觉元素。

一般来说，听到的东西不如看到的东西印象深刻，所以，不管路演构思了多么好的演讲词，如果不能在视觉方面对观众加以刺激，大部分的内容都不会给观众留下十分深刻的印象，这就是图片优势效应（PSE）。也就是说，在大多数情况下，人们对图片的记忆总是优于对文字的记忆。美国华盛顿大学医学院从事人脑发展基因以及精神病遗传学问题研究的分子生物学家约翰·梅迪纳（John Medina）博士表示，文本和口头表述方式，不只是在记忆某些特定类型的信息方面效率比图片差，而且这种方式本身效率就比较低。根据实验，如果某一信息完全通过口头传达，那么72小时后进行测试，人们能记住的只有10%左右；如果采用口头结合图片的形式传达信息，那么72小时后进行测试，这一数字提高到65%。也就是说，图片能帮助我们记住更多信息。

如果整个幻灯片中全是大段的文字，没有一点配图或留白，则很难吸引观众的注意力。这是因为人们大脑中原有的信息已堆积如山，如果大脑对新信息没有兴趣就很难再接收这些信息。与文字相比，图形更形象生动，更容易让大脑理解，即所谓"一图胜千文"。研究结果表明，85%以上的知识都是通过视觉印象获得的。所以项目融资路演时也要遵循这种信息加工的逻辑。

心理学家理查德·梅耶（Richard Meier）则提出，解释某个想法时，图文并茂好过单纯的文字。梅耶做了一项名为"多媒体学习的认知理论"的研究，他发现：在实验中身处多媒体环境——文本、图片、动画和视频——的学生对信息的记忆总是比只听或只阅读信息的学生更准确。梅耶解释其中的原因在于：当大脑可以为一种解释建立两种心理表征（文字模型和视觉模型）时，心理关联将会大大增强。学会调用观众的多种感官，你就会成为路演赢家。

项目路演利用幻灯片上的图像、照片、剪贴画、图表、图形、作品、视频影像等视觉刺激来辅助路演者传达信息，可以更好地活跃现场气氛、吸引观众眼球。所以，在制作项目路演幻灯片时，用有逻辑的图形或表格、形象生动的画面、动态的视频影像来表达你想传递的信息，将会更好地被观众所接受。瑞典药物学博士、统计学家汉斯·罗斯林（Hans Rosling），革命性地推出图形展示方法论，成为TED演讲的热议话题，他也因此成为视觉表达领域的焦点人物。《纽约时报》上有一篇文章这样描述他的方法：信息形象化的目的不是简单地用图形展示海量数据,而是要唤起读者本能的理解力,让读者觉得自己想要了解更多。

这里我们用阿里巴巴当年在美国的IPO路演为例来比较分析纯文本与配图幻灯片的不同展示效果(如图5-1—图5-3所示)。其中,所有的图(a)是我们还原为纯文本的PPT,图(b)是马云当年IPO路演的原图。

1. 第一组图比较

在第一组比较图中,如果在报告首页只是给出报告人的相关文字信息,譬如公司或主讲人名字,如图5-1(a)所示,则只是起到了告知的作用。而在

(a)纯文本

(b)马云的IPO路演

图5-1 篇头图比较

资料来源:https://wenku.baidu.com/view/0844b59808a1284ac85043f7.html

马云的IPO路演幻灯片中,却特地准备了一幅漫画,把其公司生态圈活灵活现地展示出来,如图5-1(b)所示。这除了说明阿里公司对此次IPO路演高度重视之外,也表现了路演制作者的创造力。这幅极具创意的、色彩鲜艳的漫画让观众对其生态系统运行规律产生了探究的渴望,同时也给观众留下深刻的第一印象。

2. 第二组图比较

在第二组图中,图5-2(a)将期望目标高度地抽象和提取为交流、工作和生活三个方面,文字表达也简捷明快,但与图5-2(b)中分别配有三种不

图5-2 期望目标图比较

资料来源:https://wenku.baidu.com/view/0844b59808a1284ac85043f7.html

同内容和风格照片的表达形式相比，前者过于枯燥和单调，而后者则更加丰富而生动，让观众更容易接受和理解。

3. 第三组图比较

在第三组图中，图5-3（a）使用简单的文字总结，虽然把讨论主题的基本特征都归纳和表达清楚了，但图5-3（b）用颜色和图形的立体化搭配的表达，更使人一目了然，并轻松地表达出了路演者想传递的核心主旨。

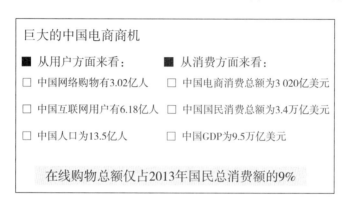

（a）纯文本

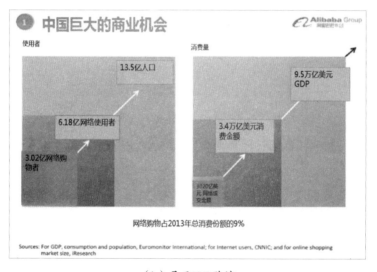

（b）马云IPO路演

图5-3 中国电商商机图比较

资料来源：https://wenku.baidu.com/view/0844b59808a1284ac85043f7.html

总之，我们强调在项目路演时，一图胜千文，在提炼出文字信息后，路演者一定要尽可能地采用图像的方式来简洁地表达自己的中心思想和意图。

眼睛运动轨迹：从左到右，越少越好

EyeTrackShop（眼球运动轨迹研究公司）是瑞典的一家创业公司，他们所从事的工作正如同其公司的名称一样：跟踪眼球的运动，辨认人们关注哪里、关注多久及关注不同地方的先后顺序。这家公司通过摄像头记录了浏览者观看图片时的眼部动作，然后用收集的信息帮助广告主去创作更有效的广告、帮助网页设计师去制作更有效的网页。通过了解观众会如何浏览广告和网页，我们也可以设计展示更有效的图形表达。他们的研究结果表明，人们的眼睛在关注整个影像之后，眼球会移动到左上方，然后直接到右侧。同理，当你打开新的一页幻灯片时，观众们的眼睛也从屏幕左上方开始，然后移到右侧。所以在项目融资路演时，若是为了让观众更自然地跟上你讲解的节奏，就应该在布置幻灯片信息时采用由左到右、由上到下的顺序。特别是在演示动态特征时，路演者采用适应眼球自然阅读规律的动画和行为才不会产生逻辑上的矛盾。当然，这也要看你的用意如何，正如杰瑞·魏斯曼（Jerry Weissman）在《演讲中最重要的事》（*Winning Strategies for Power Presentations*）一书中所提及的：如果你想传递竞争对手的负面信息，那用向左的动画；如果是想传达自己公司的正面信息，则用向右滑入的动画。

在项目融资路演时，如果你的文稿是信息密集型的，那么观众们的眼睛在第一次向右移动后，并不能感受到全部的信息，他们需要重新回到左侧再来一遍。信息越密集，观众们的眼睛需要重复这种左右移动的次数就越多，而这样他们听你讲话的时间就越少。所以我们一定要坚持"越少越好"的原则。魏斯曼教授还强调：尽量减少观众们眼睛左右移动的次数！

这一眼动轨迹理论告诉我们在进行项目融资路演时应采用以下方法：

第一种方法，我们在呈现信息时，应该遵循眼睛从左到右的特点。笔者在辅导学生做路演项目时，曾看到路演者把顺序排列颠倒，当其在展示新产品的市场空间时，按照自左向右、数字从大到小的顺序来讲，这样的介绍顺序会让观众觉得比较别扭，因为它不符合眼动轨迹的自然逻辑。按照正常的规律，应该按由左到右、数字从小到大的顺序来展示，才能让观众更好地体会到新产品未来成长的空间广阔。

第二种方法，如果是信息量特别大的文本材料，我们应该降低让观众眼睛左右移动的频率。主要方法有两种：一是将文字凝炼，以主题来呈现。譬如，有些项目会进行"企业简介"，通常会用一段文字来阐述自己企业的名称、注册地、创始人、规模、发展过程等信息。这时，如果在幻灯片上放置一段文字，让观众的眼睛一行行地扫视，观众会感到很不耐烦。此时，可将整段文字凝炼出几个核心点，并归类排列，让观众一目了然。有些项目更是在凝炼的文字旁放一张企业办公大楼或研发中心的照片，不仅让观众知道企业的发展情况，还顺便展示了企业的实力。如此图文并茂的介绍，观众不会累，且眼动自然。二是利用幻灯片动态效果来呈现信息，即充分利用幻灯片本身可以动态播放的特征，让文本信息一条一条分层或逐次呈现，从而使观众在观看项目路演时眼睛能一次捕获更精确的信息。让信息动态呈现而观众眼睛不动，这样每呈现一个信息都有新内容出现，从而通过适宜的新鲜感来使观众保持注意力。

第三种方法，当需要呈现的信息特别多时，我们可根据其内在的逻辑总结为表格或图。譬如，在说明盈利模式时，有些路演者不是用大段的文字来陈述，而是用简洁的概念模型图来表示，这让人很容易理解项目盈利的逻辑关系；而当要与竞争对手比较时，人们多会利用表格的形式，分门别类地把自己的产品与竞争对手的产品进行比对，以反映出自己项目的特色和优势。

幻灯片制作基础

幻灯片中文字的处理

幻灯片中的文字要越少越好。出现的文字要能代表路演的核心主旨，尽量传达给观众有冲击力的信息。千万别把幻灯片当成"小抄"。"锐普PPT"[①]主张，在制作幻灯片时要坚持"少"和"瞟"的原则，即让所制作的幻灯片容易辨认、一目了然。

◇ 幻灯片中文字结构/格式的处理

在项目路演幻灯片制作中，文字内容必须准确无误，同时文字如何表达也很重要。应尽量让幻灯片中的文字简单易懂，使观众不需要过多分析和思考就可以了解路演项目的含义。

我们的大脑分为左脑和右脑，分别执行着不同的职责。左脑负责理论、思考、语言、分析等；右脑则负责感性、艺术、感觉、直觉等。在展示的各种组成元素中，文字、数字等都是由左脑负责加工，而图像和色彩等都是由右脑负责加工。如果我们在进行项目融资路演时，用到文字或者数字，那么观众在没有分析和掌握意义之前是没有办法理解信息的。但是如果我们把图5-4（a）的幻灯片做成图5-4（b）的图形，文字和数字就转换成图像，这样的信息更多就是靠我们的右脑来管理的。这种幻灯片不需要深加工，观众就可以了解其中的含义，所以在制作项目路演的幻灯片时应该考虑更多地使用右脑易识别的信息。

---

① 这是一家做PPT模板的网站，是各位PPT发烧友云集、交流自己制作PPT的技巧与心得的一个集中地。

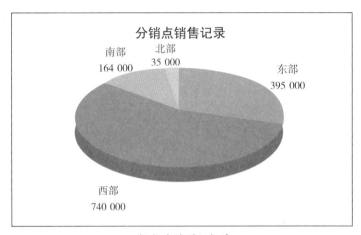

（a）左脑型幻灯片

（b）右脑型幻灯片

图5-4 左右脑型幻灯片比较

资料来源：［韩］金炅泰. 他是如何说服听众的——乔布斯演讲会[M]. 季成，译. 北京：国际文化出版社，2011.

美国加利福尼亚大学教育心理学博士理查德·迈耶（Richard Mayer）研究发现，在进行多媒体演示时，多余、无关紧要的信息越少越好。添加多余或无关的信息将妨碍而不是帮助学习。迈耶博士认为，我们的观众是不愿意在寻找屏幕上的认知资源位置上浪费时间的。所以，一张理想的幻灯片应该包含一幅图，同时最好附加简单而醒目的线条箭头，将观众的目光聚集在你希望他们关注的焦点上，这就是所谓的"信号发送"，这样才能有效地传递你的意图。

迈耶博士建议,当使用多媒体做演讲时,采用文字和图片相结合的方式,比分开单独演示效果好。在其实验研究中,他将学生分为很多组,不同组的学生分别接触不同类型的信息,然后检测他们的学习效果。那些接触文字说明,同时配上相应插图一起学习的学生,比那些只读文本资料、没有结合图片进行学习的学生,学习的效率高出65%。迈耶博士解释说:大脑对于一种解释可以建立起两种不同类型的心理表征——语言模型和视觉模型,两者结合在一起时大脑工作将更加高效。

在制作项目路演幻灯片时,我们可以利用搜索引擎、图片网站以及PPT软件等工具,将数据转化为图片,更生动地展示项目内容。正如图5-5(a)所示,我们介绍产品系列时,简单地把三项产品按顺序排列,会让人觉得烦琐冗长,但如图5-5(b)所示,对展示内容进行必要的形式调整,再将内容有序地组织起来,能让人一目了然。在项目路演中,如果我们能运用图形或色彩来更形象地表达路演内容,一定会给听众留下直观、简洁的印象,让听众感到心情舒畅。

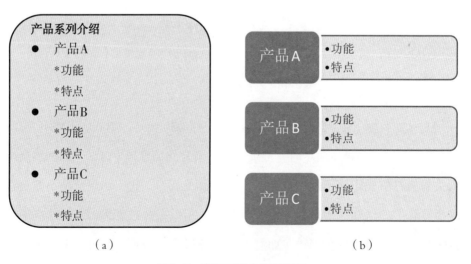

图5-5　产品系列介绍示例图

◇ 幻灯片中字体的使用

在文字幻灯片中，字样，也就是字体十分重要。因为字是幻灯片最基本的组成元素，是观众注意的焦点，也决定了幻灯片的主题和版式。那么，幻灯片使用什么样的字体好呢？对于这个问题，不同的设计师或路演者都会给出不一样的意见。我们不能说哪一个就是绝对正确的。因为项目路演对象和展示目的不同，标准就不同，有时A字体好，有时B字体好。

欧美人提出衬线字体和无衬线字体的概念，实际上这个也适用于我们的汉字。在字体排印学里，衬线指的是字母结构笔画之外的装饰性笔画。衬线字体是指有些偏艺术设计的字体，在每笔的起点和终点会进行一些修饰。衬线字体一般很漂亮，但因为装饰过多，字号稍小就不容易辨认。所以，只适合用来做大标题，采用大字号。而无衬线字体是指粗细相等、没有修饰的字体。无衬线字笔画简洁，虽然不太漂亮，但很有冲击力，容易辨认，所以很适合用来做幻灯片的正文。衬线字体和无衬线字体如图5-6所示。

AaBbCc
无衬线字体

AaBbCc
衬线字体

AaBbCc
衬线字体的衬线（灰色部分）

图5-6　衬线字体和无衬线字体示范

根据"锐普PPT"制作的经验,微软雅黑兼具衬线字体的饱满和无衬线字体的醒目,用来做PPT正文字体比较合适。而中文字体中的宋体就是一种最标准的衬线字体,字形结构也和手写的楷书一致,因此宋体常被认为是最适合的标题字体之一,但在制作幻灯片时,由于宋体强调横竖笔画的对比,在远处观看的时候横线就被弱化,导致识别性的下降。

另外,黑体是无衬线字体,几乎全世界每一个角落的交通标识牌都会毫无例外地使用哥特字体,即中文的"黑体"。制作交通标识牌的专业设计师都深谙"可读性原理",即能够使人在最快的时间内阅读并把握其意义。我们在制作幻灯片时也一样,字体也需要具有较高的可读性,所以我们在制作幻灯片时也可以使用"黑体"字。

◇ 幻灯片中字号的选择

制作幻灯片的时候,要根据不同的情况使用不同的字号。但是一般来说,题目通常会使用更大的字号,内容则会使用比题目小一号的字号。只有大字号字体才能使观众的注意力集中。

那么,到底需要使用多大的字号呢?这需要根据展示大厅的大小与观众的规模来决定。但是,字体不能小到让观众阅读有困难。图5-7是一款网游的项目融资路演PPT,它的字体太小,使人根本没有意愿去辨识其中的内容。这样,观众一方面会对项目产生距离感;另一方面,也只能从路演者的口头信息来了解项目的情况,从而使项目路演失去了一个重要的传递信息的途径。

实际上,想知道自己的幻灯片中字体最小可以达到什么程度很容易,即做一张像图5-7一样的幻灯片,然后投射到屏幕读读看。韩国的金炅泰介绍了一种更具体的操作方法:首先,在幻灯片上依次写下6—60的数字,各数字都使用不同的字体大小。然后自己坐在观众席上,依次播放幻灯片,就可以确定幻灯片的字体小到什么程度还可以让人接受。最后把自己幻灯片中最小的字体调至这个最小值以上就可以了。一般来说,项目路演幻灯片,正文需要

24—30号或者以上的字体；而标题需要更大，可以用34—48字号的字体。

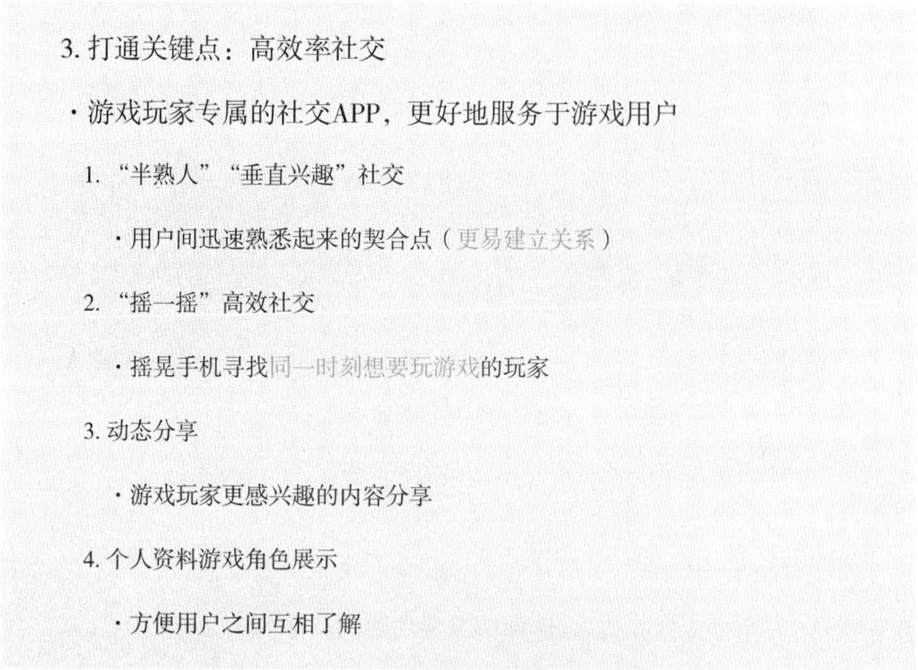

> 3. 打通关键点：高效率社交
> - 游戏玩家专属的社交APP，更好地服务于游戏用户
>   1. "半熟人""垂直兴趣"社交
>   - 用户间迅速熟悉起来的契合点（更易建立关系）
>   2. "摇一摇"高效社交
>   - 摇晃手机寻找同一时刻想要玩游戏的玩家
>   3. 动态分享
>   - 游戏玩家更感兴趣的内容分享
>   4. 个人资料游戏角色展示
>   - 方便用户之间互相了解

图5-7　一个游戏软件项目融资路演的幻灯片示例

资料来源：http://luyan.chuangye.sina.com.cn/activity/detail/227

当然，幻灯片使用字体越大越好。尤其是在幻灯片中使用超大号字体时，这种"巨号字体"（King-size Typo）就像图片一样，可以起到很好的作用。图5-8是"出国啦"项目路演时的一张幻灯片，路演者用三个词组清晰地呈现出项目的用户诉求，再加上生动的讲解，帮助观众对项目的用户需要和定位形成良好的判断与靠谱的印象。

在制作项目路演幻灯片时，需要在完备地介绍项目内容与尽量让观众看得清晰明确之间进行取舍和平衡。字体当然是越大越好，但内容也要求在规定的时间内表达完备，这时就需要高度提炼文本内容，同时用观众可以看清楚的字号来表达。根据我们的经验，观众可以在台下看到的PPT中最小的字号是20号。

图5-8 "出国啦"项目路演幻灯片示例

资料来源：http://luyan.chuangye.sina.com.cn/activity/detail/220

而所有小于20号的字体都是为了让观众有个直观概念而已，而不是为了让观众具体去读文字的内容。这种情况在项目路演中时有发生。譬如，一些项目路演在介绍专利项目时，由于专利特别多，路演者就列出一张表格，密密麻麻地排在那里，然后口头解释自己的项目已经取得了十几个专利项目。这时所列出的专利汇总表只是为了让观众"瞟"一眼，知道有这些事实存在而已。

幻灯片动画效果的使用

幻灯片动画效果的使用在过去使用图表和胶片投影机的时代是无法想象的，后来动画效果一经出现就完全吸引了观众的目光，渐渐地，动画效果成为幻灯片最具代表性的功能之一。由于幻灯片的动态表达相对于静态展示更能给观众带来耳目一新的感受，所以特别受到人们的重视。

幻灯片的基本动画效果有四大类：进入、强调、退出和作路线。这四种基本分类中各有数十种动画效果，经过精巧的组织可以创造出数百种表现效果。在熟悉了各种动画效果之后，应该根据自己的目的对效果进行选择和策划，在关键信息的部分添加强调用的重音。不需要动画效果的地方切记不要画蛇添足。

对于项目融资路演这一特殊的演讲形式来说，每个项目只有8分钟左右的时间，时间非常有限，而要介绍的内容又很多。动画效果有利的一面在于能够增强表达性，而不利的一面在于一般会占用更多的时间。因而，要想正确地利用幻灯片的动画效果就需要我们进行精心的设计。

◇ 幻灯片动画效果的类型

在项目路演时，我们采用适当的动画技术不仅会让幻灯片变得生动，更能让幻灯片表现效果数倍提升。下面我们来了解一下常见的幻灯片动画使用情境。

1. 片头动画

电影有片头、游戏有片头、网站有片头，幻灯片演示也可以通过设计有趣的片头来抓住观众的注意力，让他们聚焦于你的路演内容。精美而动感的画面，比直白的文字更有震撼力，更有可能迅速地把观众带入项目路演预设的话题情境中来。

在一个名为"上上签"的项目路演中，路演者的开场白不像常规路演那样，先介绍自己是做什么的，而是用了一个周星驰的电影剪辑，来引发人们关注"星爷到底怎么了？"从而引出用户痛点的描述：由于没有及时签约而产生重大的个人经济损失，该怎么办？这个项目路演一开场就以影星幽默诙谐的夸张表演来引出大家对项目内容的关注，产生了非常好的吸睛作用。

还有一个"千吨级聚醚醚酮产业化"项目在一开场介绍自己的产品时，路演者不是简单罗列和展示照片，而是用产品图片的旋转来让观众看到聚醚醚酮是什么样子的，并对这种工业化的产品形成一种直观的感性认识。如图5-9、图5-10所示，先出现两个圆形容器单独旋转的照片，再出来四个圆形容器共同旋转的照片，两张图片共用了22秒，简洁明快、真实生动地让观众理解了这种工业化产品的基本背景。

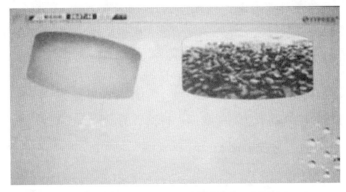

图5-9　采用动画效果表达的聚醚醚酮项目路演（一）

资料来源：http://www.cxcyds.com/index/dssp_detail/id/1720

图5-10　采用动画效果表达的聚醚醚酮项目路演（二）

资料来源：http://www.cxcyds.com/index/dssp_detail/id/1720

2. 逻辑动画。

对于一幅静止的画面，特别是当内容比较复杂时，观众的眼睛会随意全面地浏览，若缺乏逻辑引导，观众难以把握重点，看完之后还要思考其中的逻辑关系，很浪费观众的精力和注意力。图5-11是一款幼儿启蒙产品在介绍自己解决方案时的幻灯片。路演者运用了图片+文字的表达方式，用时在12秒内,但由于内容多而时间短,对于上半部分的图与下半部分总结的内容,观众很难在快速的讲解中建立起一一对应的关系,从而弱化了表达力。

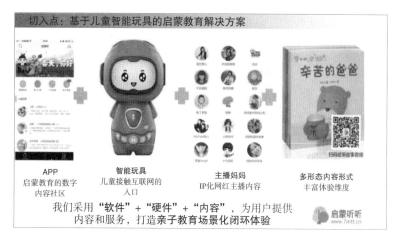

图5-11　一款幼儿启蒙产品的解决方案幻灯片示例

资料来源:http://luyan.chuangye.sina.com.cn/activity/detail/224

如果项目融资路演时能给画面加上清晰的逻辑动画,就把由"观众自己找线索"变成了"帮观众理线索"。路演者可以控制画面出现的先后顺序、主次顺序、位置改变、出现和退出等,引导观众按照路演者的思路去理解幻灯片内容。譬如有一个"大数据云存储创造全新价值"项目路演,该项目是关于虚拟世界互联网的真实数据存管的。在介绍"安存电子数据存管实现原理"这样一种复杂的运行系统时,路演者就巧妙地运用了幻灯片动画的效果(截图如图5-12所示):首先,介绍人们一般的互联网沟通情况;再说明安存公司在人们沟通之前先架设了局端服务器之上的安存电子数据保存系统;进而,介绍在人们通过互联网交流时,信息在到达沟通目的地的同时,也会时时地传输到阿里云等安存数据保全云;最后,强调有国家保密加密认定和公安部标准完整性鉴别等证明安存的这套系统数据是记录完整且保密的。通过一步步地讲解,观众对一个复杂的幻灯片图示的内在逻辑理解得更充分和到位。整个讲解过程用时53秒，相较于平面静态图来说，这样的路演处理是合理而有效的。

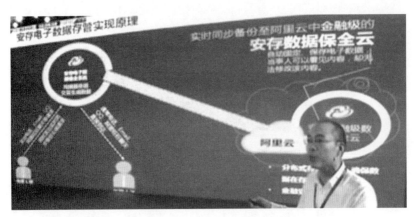

图5-12　安存电子数据存管实现原理讲解视频截图

资料来源：http://www.cxcyds.com/index/dssp_detail/id/1709

3. 情景动画。

一些程序、一个流程、一种情境等本身是静止的，你若用静止的画面去表达，很难展示出"过程"的特征。这时，如果我们运用一套连续的动画，则能把这些过程表现出来，并且达到栩栩如生的效果。在项目路演中，有条件的项目都会专门制作Flash、视频来表现这些效果，但其实幻灯片也能够实现。

在"蚁视科技"的项目路演中，路演者在介绍蚁视手机头盔时，先呈现了这款蚁视手机头盔的优点及特性的总结性文字，如图5-13所示。然后，路演者开始具体讲解，针对每一种特性，伴随着路演者介绍的节奏，又逐次地出现相关的照片，而最终形成如图5-14所示的内容。这样的讲解可以让观众更好地理解产品的特性，并对产品产生感性认识。

蚁视手机头盔

优雅设计与最新科技的完善结合

光学无畸变最大视角方案

全球首款折叠式便携手机头盔

支持佩戴眼镜

瞳距调节

4.5-6英寸手机

图5-13 "蚁视科技"项目中关于头盔的文字性介绍

资料来源：http://www.cxcyds.com/index/dssp_detail/id/1710

蚁视手机头盔

优雅设计与最新科技的完善结合

光学无畸变最大视角方案
全球首款折叠式便携手机头盔
支持佩戴眼镜
瞳距调节
4.5-6英寸手机

图5-14 "蚁视科技"项目中关于头盔的文字+图片介绍

资料来源：http://www.cxcyds.com/index/dssp_detail/id/1710

◇ 幻灯片动画效果的作用

人类的大脑总是渴望多感官体验，在项目路演时使用多种元素，尽可能丰富地去刺激观众的多种感官，譬如：视觉、听觉、触觉、味觉和嗅觉，可以给观众留下深刻的印象。在项目路演时，动画效果的使用就是为了更好地调动人们的视觉和听觉。因为幻灯片的动态变化而带来的新鲜元素，会不断地刺激观众的感官，使人不易疲劳，且能持续地听下去。

在项目路演时，动画效果的实际作用可以分为以下三种。

1. 使信息更容易理解。

动画效果使信息更容易理解。特别是在讲解一个复杂的系统时，可以使用动画效果逐步解释顺序和过程，这样逐一呈现给观众，观众才不会因接受过多信息而晕头转向，分不清南北。

项目路演一般要求8分钟左右完成，所以时间宝贵，一般路演者都会让每张片子包含的信息量大一些，但这会造成一个问题，即大量的信息堆集在一张幻灯片上，会让人不知所云。这时候，让信息动起来就是一个很好的解决办法。信息按照一定的逻辑顺序一块一块地出现，就会使人们由分到总一点一点地接触要讲解的内容。这样，当所有信息都在一张幻灯片上完整呈现时，人们也随之全面地了解了路演者的意图。可见，动画效果可以帮助人们全面而系统地理解所展示的信息内容。

图5-15是"睡眠岛"项目路演中介绍其服务模式的幻灯片，它反映的是如何利用自有的测试仪为用户开展服务。但幻灯片中箭头横七竖八，观众很难理出一条逻辑线索来。如果我们运用幻灯片的动画效果就容易多了：路演者可以根据讲解的需要来设定其中相关模块出现的顺序，一块一块地投射出来，用户自然更容易理解项目运营的思路和过程。

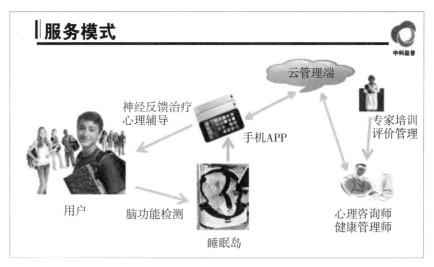

图5-15 "睡眠岛"项目的服务模式展示幻灯片

资料来源：http://luyan.chuangye.sina.com.cn/activity/detail/193

2.用来强调特定的信息。

在项目路演时，我们时常也会用动画效果来突出强调我们想要表达的内容。相比静止的图像，动画效果可以使传递的信息得到强化。

在幻灯片制作中，许多方式可以用来"强调信息"，譬如，字体、颜色、字号、底衬图案等。动画是其中的一种强调方式，而且是一种比较突出的形式。当一个内容组块用动画形式动态展示时，就会比静态表达更具视觉感官冲击力。而且，动画的表达形式有上百种之多，针对不同的需要，人们可以选择更适宜的动画形式，使画面创意无限。

我们常常通过对比来强调信息，譬如，通过与竞争对手的对比，来突显本项目产品/服务的优势。在一个关于K12教育的"51教育"项目路演中，有一张介绍"51教育服务是如何做的"幻灯片，如图5-16所示。虽然路演者已经用色彩和形状把对比的内容和特征都罗列得非常清晰，但如果还想进一步强化，就可以让"授课""评测""纠错""作业""复习"这五个方面的市场上现有模式与本项目所提倡的模式依次比对，最后再总结自己项目"大数据采集""动态分析""精确指导与补偿"的三大特点。这样的动画处理不仅便于观众理解和辨识，也更能突显该项目的特点。

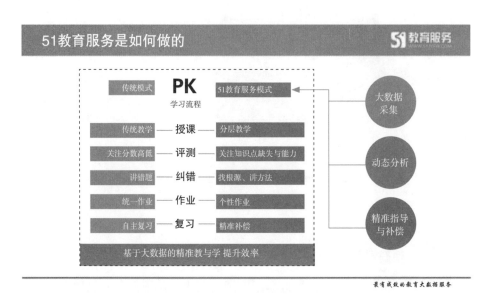

图5-16　"51教育"项目路演幻灯片

资料来源：http://luyan.chuangye.sina.com.cn/activity/detail/218

3. 使观众与路演展示速度一致。

项目路演中，屏幕上出现了一张新的幻灯片，观众便会转移注意力，自然地去阅读幻灯片上的文字。而当信息量比较大时，观众阅读文字的速度可能就跟不上展示速度。如果在同一页中展示两件不同的事情，很容易使观众混淆。为了防止观众和幻灯片进行速度不一致，或内容混淆，可以使用动画效果，在一张幻灯片中一次只传递一条信息。

譬如，在"蚁视科技"项目路演中，路演者开场后，先介绍他们在2013年先期获得了红杉资本1 000万美元的A轮融资，如图5-17所示。再介绍他们参加了两场国际性的展会，与国际相关领域的顶尖人士进行密切接触，如图

5-18所示。在这个项目路演中,我们看到这两组图片均运用动画效果展示,向观众表达的意思非常明确和具体。

图5-17 "蚁视科技"项目路演呈现获得红杉资本A轮融资的情况

资料来源:http://www.cxcyds.com/index/dssp_detail/id/1710

图5-18 "蚁视科技"项目路演呈现参加国际展会的情况

资料来源:http://www.cxcyds.com/index/dssp_detail/id/1710

制作幻灯片易犯的错误及其应对策略

有些路演者非常依赖幻灯片,不用幻灯片就讲不下去。这其实是路演者不熟悉内容,或路演者还没有克服上台时的焦虑心理所导致的。这常常会导致路演者在幻灯片中放入所有需要的信息,使幻灯片内容非常烦琐,例如在幻灯片中出现大段的文字。这种幻灯片不是为观众制作的,只能算是路演者为自己准备的"小抄本"而已。这种幻灯片内置大量信息,自然缺乏应有的观赏性。在项目路演的幻灯片中,我们常会看到以下问题。

◇ 单张幻灯片上的文字太多

一张幻灯片文字多,字号就不会太大,观众看起来就比较费力。特别是有些路演者为了把东西都塞进幻灯片中,使用小于20号的字号,幻灯片上都是蝇头小字,台下观众根本看不清楚。

另外,太多文字的幻灯片也会让观众抓不住重点,这样,填满文字的幻灯片根本不能引起观众的注意。本想给观众较多信息,反而让观众感觉无所适从,也无法认真捕获文字中所传达的意思,从而导致展示主题的传达力下降,低下的传达力又会导致观众无法理解路演的意图。传达和理解的弱化自然会导致展示的说服力下降。

对于填满文字的幻灯片,想要了解其内容的观众会怎么做呢?当然是一条一条地逐行阅读了。但这里还会出现一个问题,因为人们眼部的阅读速度会大于讲解速度,所以观众的阅读速度通常比路演者的速度快两三倍。换句话说,就是路演者在说明第一行的时候,观众已经阅读到第二或第三行了。当路演者讲解第三、四行的时候,因为观众已经阅读过这些内容,所以展示对观众就失去了吸引力,变得索然无味。结果就是观众和展示者之间不能形成一致的互动节奏。

要解决这一问题我们可以这样做:(1)提炼主题句,归纳中心思想。在幻灯片上不是大段论述,而是把要表达的核心主旨用一个精简的短语表达出来,展示给观众。(2)进行内容拆分。根据幻灯片的无限延展特性,把一页内容太多的幻灯片进行拆分,分为几个相连续的部分。(3)让静止的信息动起来。一般我们会按可能的讲解顺序来安排幻灯片内容呈现的动态效果,通过把信息有序地释放,让观众一点点来接收逻辑相关的信息,这样就不会让观众产生信息多而凌乱的感觉。

◇ 字体背景颜色失配

字体与背景的颜色搭配就像人们穿衣戴帽一样,如果不协调就会让人不舒服。一般我们习惯于在深色的背景下用浅色的字，浅色的背景中用深色的字，这是从展示清晰度角度来考虑的基本的配搭要求。

选择了深色的背景同时用暗色的字体，或选择浅色的背景却用淡色的字体，都是不协调的表现。前者是配色太重使人看不见，后者是配色太轻让人看不清。

更高一层的境界就是关于色彩搭配，其中涉及美学知识。颜色失配就是色彩搭配得不和谐，譬如，使用太多种颜色使人眼花缭乱，或所使用的冷色调与暖色调搭配不和谐等。

在项目路演幻灯片制作过程中，色彩搭配主要从色彩的对比、色彩的辅助平衡以及色彩的混合几个方面来考虑。简单来说，以色调为基础的搭配主要有三大类，它们分别是：同一色调搭配、类比色调搭配和对比色调搭配。

（1）同一色调搭配：将相同的色调搭配在一起，形成统一的色调群。

（2）类比色调搭配：将色调配置中相邻或相接近的两个或两个以上的色调进行配色。其特点是相近的色调之间会有微小的差异，从而不会让观众产生呆滞感。

（3）对比色调搭配：相隔较远的两个或两个以上色调搭配。因两个配色之间具有较大的差异而造成鲜明的对比，有一种相映和相拒的力量使之平衡，因而产生对比调和感。

在幻灯片颜色设计时，第一步就要确定一种色调——使用红色还是蓝色做主色调，即选冷色调还是暖色调。如果幻灯片设计过程没有一个统一的色调，就会显得杂乱无章。选色时，注意颜色是有感情的，每种颜色代表不同的意境：橙色代表朝气、蓝色代表冷静、红色代表热情等。我们需要根据自己的需要来进行适当的选择。

◇ 在一张幻灯片上停留的时间过长

在项目路演时，时刻抓住观众的注意力，可以说是对路演者最大的挑战。虽然一个项目只有几分钟的路演时间，但观众要同时看多个项目，极容易疲劳而注意力分散。对于路演者来讲，由于所给的时间较短，往往会把许多内容放在一张幻灯片上，于是这样就需要更多的时间来说明这张幻灯片。路演时的一种错误就是在一张幻灯片上停留太长的时间，虽然你很卖力地讲，但人们的视觉驻留时间过长，会产生感觉钝化，从而容易产生分神现象。

在路演中，如果想要引起观众的注意，最好的办法之一就是时不时地把"风景"，即新的东西，呈现给观众看。这就是说在路演进行中，要不时地让幻灯片动起来，总有新鲜的东西出现，从而使观众需要不断地更新自己原有的认识，这样他们自然会跟着你的节奏走。

这里我们常采用的方法有两种：一种是分散呈现，即把原本放在一页上的内容分解到多个不同的幻灯片上，这样路演时就需要不断地翻页来让不同的内容相继呈现，使观众产生"接下来是什么"的好奇心，从而吸引观众的注意力；另一种是动画呈现，虽然保持单张幻灯片上的内容不动，但让原本静态的幻灯片动起来，即随着路演者的讲解节奏，讲到哪里只出现相应部分的内容，一边讲解一边把东西不断地展示出来，这也同样可以产生新内容层出不穷的感觉，观众在期待看到新东西的过程中保持了注意力的相对集中。

◇ 把全部内容放在幻灯片里，展示者只是读幻灯片

对于路演者来说，把展示的全部内容放进幻灯片中可能非常便利，因为可以看着幻灯片进行讲解，这样就不需要为熟悉展示内容而花费太多的时间进行练习了。这种路演者把幻灯片当"小抄本"用的行为，完全没有考虑观众的感受。

一方面，路演者可能因为读幻灯片而与观众没有任何的互动交流时间；另一方面，路演者读幻灯片也使观众感觉非常枯燥乏味，因为观众的视觉已经获得了相关的信息，又被路演者读了一遍，没有任何意义，观众甚至会对

一直进行阅读的路演者发问:"展示只是阅读资料的话,我们为什么还要来这里呢?""这个路演者知道自己要讲什么吗?"换言之,这种行为使观众因为怀疑路演者的专业性及其态度,导致对其依赖度下降。

这种情况的改进方式在于,首先路演者必须有意识把观众"看的"和自己"讲的"东西分开。也就是要求路演者把呈现在幻灯片上的内容与路演者要讲解的内容区分开。譬如,有一个"启蒙听听"项目路演,路演者设计了如图5-19所示的片头。

图5-19 "启蒙听听"项目路演片头

资料来源:http://luyan.chuangye.sina.com.cn/activity/detail/224

在这样一个片头下,路演者进行了开场故事讲述:"大家好!我是启蒙听听基金的创始人××。我是一位妈妈,也是一位创业者。身为妈妈,我和所有父母一样,爱着我的孩子。也经历着初为人母的各种紧张、积极、幸福、担忧、焦虑与期待等情绪。我在为使我的孩子变得更好做着各种各样的努力,但我也知道自己有很多方面做得不合格。我工作很忙,可能要经常出差,我可能没有办法时时刻刻来陪伴我的孩子。我想给孩子唱一首儿歌或讲一个动听的故事,但当准备开口的那一刻,我却不知道到底要怎样去做这样一件事情。其实,我们陪伴孩子成长主要是启蒙这段时光,就是0~6岁这个年龄段……"简洁的幻灯片，加上情感充沛的表达，马上吸引了观众的注意力。

其次，路演者需要重新提炼幻灯片内容的核心，用主题句形式把幻灯片的核心内容表达出来，而不是用冗长的陈述句或段落来展现。譬如下面这个"织梦网"项目，该项目是一个专注于CG（计算机动画）领域的垂直产业服务平台，创始人路演时用如图5-20所示幻灯片来展示。幻灯片凝炼得非常到位，用三个关键词+简介的形式提炼出目标市场的用户痛点。然后，路演者说："我在这个行业里工作了8年，对于老师来说，盗版问题是他们最关心的问题；另外一个是在线教育方面，虽然在线教育越来越普及了，但互动却是个问题；再就是招聘这一块，现在企业找专业的设计师越来越难了，而一些高手在招聘网站上发简历也很难找到与其相匹配的工作。"这样把幻灯片文字与路演者讲解区分开来，使它们相得益彰，从而更好地抓住观众的注意力。

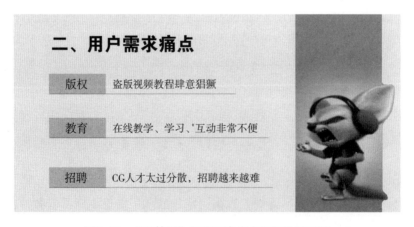

图5-20 "织梦网"项目用户痛点幻灯片展示图

资料来源：http://luyan.chuangye.sina.com.cn/activity/detail/217

◇ 幻灯片内容中存在逻辑不通的问题

在项目路演中，有时会看到幻灯片中存在内容逻辑不通的问题，主要表现为以下两方面：

一是在提炼内容时逻辑不清晰或有明显漏洞。这是在项目路演时最大的禁忌，如果你所总结的观点之间彼此矛盾，或存在重大的逻辑跳跃，观众将很难接受你想表达的思想。譬如，有许多项目在介绍自己产品的市场份额时，都拿全国市场来做基数，"全国0—6岁儿童1.11亿，亲子消费市场高达5 500亿元，且每年增长7%。"但这对于一个做小区亲子互动APP的项目来说，不同城市，或同一城市不同行政区的家庭，很难做到互动和共享，所以用这种方式来推理自己项目在市场的容量就显得不合逻辑。

二是文字内容与插图不匹配。譬如，在一个准备进军高档女服租赁市场的项目路演中，所配的图却是一些时尚休闲服饰的照片，这就让人感觉很不协调。

所以在制作幻灯片时，路演者对于所展示的文字与配图一定要精雕细刻，理顺故事的内在逻辑，并让表达配图与原意相符，只有这样项目路演的幻灯片才能精准地表达路演者的真实意图和思想。

幻灯片制作技巧

文字是用来瞟的，不是用来读的

立文之道，唯字与义。我们做幻灯片就是为了把原本复杂的抽象文字转化为简洁易懂的语句、图形、动画或声音等表达出来，以求通俗易懂、栩栩如生。所以，一定要把原始文本中的精华部分有逻辑地提炼出来。

乔布斯拥有超凡脱俗的商务展示能力，在介绍苹果产品的时候创造了一个又一个经典。在做新产品介绍时，他坚持每一页幻灯片不超过28个字，这种极致精简的表达，可以给我们很好的启示：

- 不要把大段的文字放在幻灯片上，提炼出主题句或主题词就足够了；
- 不要把幻灯片当"小抄本"，路演者可以自己准备一些小卡片拿在手里以防忘词；
- 放在幻灯片上的不一定是完整的语句，也可以是一些词组或短语；
- 充分利用幻灯片展示与路演者讲解可以互动的优势，让幻灯片的理性和路演者的感性相结合，使其发挥相辅相成的作用。

关于用户痛点，我们经常见到的是说一大堆现实的困境，但是当制作幻灯片时，我们就需要分析用户痛点有几类、都在哪里、分别是什么，然后用精准的语言条目式地表达出来。在一个"养爱车"路演项目中，路演者就准确地提炼出用户的四个方面的痛点，如图5-21所示：（1）周末扎堆保养，堵

图5-21 "养爱车"项目用户痛点幻灯片图例

资料来源：http://luyan.chuangye.sina.com.cn/activity/detail/226

在路上;(2)保养/修理/保险,环节耗时费心;(3)4S店/修理厂价格"水深";(4)专业知识复杂,用户无所适从。还在旁边放了一幅图片来加强表达情感,虽然这张图片只是一个情绪照片,与修车没有任何关系,但还是给人增加了"痛点",即困惑和苦恼的不良情绪。

让我们再来看一个更出色的例子,也是关于用户痛点的展示。这是一个网络教育项目——"MOOC学院",如图5-22—图5-24所示:路演者在讲述用户痛点时,每一个痛点用了一张幻灯片,而且每张幻灯片都是精心设计的,讲述了3个不同的故事,还虚拟了3个不同的主人公,然后用一些辅助材料来呈现其痛点,让人觉得逼真,更能加强观众的理解和认同感。

图5-22 "MOOC学院"用户痛点"选课难"分析示意图

资料来源:http://luyan.chuangye.sina.com.cn/activity/detail/198

图5-23 "MOOC学院"用户痛点"学什么"分析示意图

资料来源:http://luyan.chuangye.sina.com.cn/activity/detail/198

图5-24 "MOOC学院"用户痛点"能力提升规划"分析示意图

资料来源：http://luyan.chuangye.sina.com.cn/activity/detail/198

由此我们可以看到，相对于在幻灯片中罗列大段文字的表达方式，这种图文并茂的展示形式至少能给观众带来三方面的感受。

（1）便于理解。文字总是高度抽象的，人们需要默读、需要转换成自己的语言、需要上下联想、需要寻找其中的逻辑关系；但当用语言精练表达而且还配有精美的幻灯片时，就让人轻松许多，观众只需要跟着路演者轻松地理解"故事"情节，判断项目的价值就行了。就像人们看文字可能会疲倦，但看电影就会比较轻松一样，我们正是利用幻灯片的特点，把路演要展示的文字尽量变得像观看电影一样生动。

（2）放松身心。如果把一本小说贴在墙上，相信你看半个小时就会腰酸背痛；如果把小说拍成电视剧，也许你看上半天也不觉得疲惫。项目路演中幻灯片的制作正是这样，尽量不要给观众带来太多需要认知复杂加工的信息，而是把关乎主题的内容简单明了地呈现给观众。

（3）容易记忆。想让观众记住幻灯片中大段的文字信息，这个难度太大了，即使记住了也很容易忘记。而形象化的幻灯片，可以让观众轻松记住其中的图形、逻辑或结论，且便于前后信息比对，理解路演项目所要传递的信息,并最终达成认同。

数字表达在于传递"意义"

在项目路演中不可避免地会出现大量的数据,而且出现形式也是多种多样的。譬如在说明市场容量、介绍产品性能、分析竞争态势、阐述融资计划时,都需要用数字来说明项目的存在价值。当然,我们有时也曾看到那些单纯用文字来定性描述的情况,譬如,"我们的市场前景广阔""我们的产品独一无二"等。这里举两个例子对比看一下。在图5-25中,路演者只是用定性的分析来比较自己产品SpaceCot与其他国际竞品在易用性、舒适度和重量上的差别;而在另一张图5-26中,路演者在介绍自己的产品小蛋净化器时,却用品牌和产品的性能数据来进行对比分析,这两种路演展示方式能让我们看到有数据与没数据的差别所在。相比较来看,运用数字表达更能展示项目内容的逻辑精确性,也更有说服力。

图5-25　SpaceCot婴儿折叠床国际市场竞争情况分析表

资料来源:http://luyan.chuangye.sina.com.cn/activity/detail/201

产品竞争分析

品牌		小蛋科技	小米 （智能品牌代表）	Blue Air （专业品牌代表）	飞利浦 （综合性家电品牌代表）
品牌	企业背景	果壳网与趣玩网合资约互联网智能硬件公司	专注于智能产品自主研发的移动互联网公司	来自瑞典的全球领先的空气净化领域专业公司	来自荷兰的世界500强企业，生产和销售与照明、家庭电器、医疗系统相关的众多产品
	品牌知名度	低	高	低	高
	价格	2 688元	899元	3 590元-12 000元，主打产品4 047-6 061元	699元-7 499元，主打产品4 999元
	渠道	互联网销售为主，配合线下渠道销售	互联网销售	互联网销售为主，配合线下高端商场销售	全渠道销售
产品	技术先进性（以CADR值为标准）	550	406	263.5-408	302
	外观	圆形	立柜式	片式	片式
	占地面积（以产品底部计算）	0.1m²	0.066m²	0.14m²	0.068m²
	产品种类	单一产品	单一产品	5大系列，约10款单品	超过40款单品
	智能化	有	有	无	无

图5-26 小蛋净化器市场竞争情况分析表

资料来源：http://luyan.chuangye.sina.com.cn/activity/detail/202

不管是对路演者还是观众，数据通常是很复杂的，而且并不是所有的观众都对数字敏感。在我们进行项目路演时，当面对一串复杂的数字时，观众"会不会去理解？"又"理解到了什么？"这些都会因观众个体的差异而使理解结果大不相同。于是我们可以知道：一方面，若在项目路演中所呈现的数据是需要观众通过阅读—记忆—关联才能把握其中的意义及相互关系的话，可能会让观众感到疲倦而失去兴趣；另一方面，项目路演中所呈现的数据需让观众理解你想传达的意义，这就需要你用心设计。譬如，韩国的金炅泰（2011）曾经举过一个很好的例子，某家公司为了签署订单参与了一次竞标展示，在会议上顾客关注的自然是企业的规模和销售业绩，但是这家公司规模小，公司发展不过3年，累积销售额不到50亿韩元。而其主要竞争对手是一家有10年历史的公司，累积销售额达到100亿韩元。两者一比，前者立显劣势，该怎么办呢？在这样的情况下，参加竞标展示好像没有胜算。但是这家公司可以在10年100亿和3年50亿这两个数字上做文章，可以使用年平均销售额以及近3年销售额的数据进行比较。这样，微弱的优势就被放大在顾客面前，同时把公司的弱势隐藏了起来。这一切只有通过精巧的展示战略才可以实现。

因而，在项目路演时，路演者必须明确自己通过幻灯片想要传递的核心是什么。记住，我们不是要尽可能详尽地罗列数据资料，而是要考虑怎样能让观众们了解数字背后的意义，不要等着观众自己去做数据分析。

数字本身很难让人产生共鸣，只有这些数字结合上下文情境被赋予一定的含义时，人们才能够理解它。当然，帮助人们了解数字意义最好的方法，是将数字与人们已熟悉的事物联系起来。正如当年乔布斯的经典之作："5GB"可能对于你没有什么意义，但"装在你口袋里的1 000首歌曲"则完全可以让你以一种全新的方式快乐地欣赏音乐。

理想的数据发布方式是一张幻灯片呈现一个数据（或主题），中间穿插图片。这种方式能让观众的大脑在面对乏味的文字时得以休息。譬如，在一个"小蛋科技"路演项目中，路演者在介绍小蛋净化器时就非常好地运用了这种图配文的数据展示方式来突显自己产品的特色，如图5-27所示，它既有滤网的实物图片，又有对滤网特征的概括总结，还用不同的字体大小来进行突出和强化，让观众很容易就捕获了文中所想传达的主要信息，领略到这个净化器滤网的优势特点。

展示数据资料时用表格会比用纯数字堆放展示效果好，而能表达数据关系或走势的图形则是最好的。金炅泰（2011）认为：仅仅给观众数字表格是不够的，这就像给观众展示了一些毫无意义的分散的黑点，想要让观众真正理解其意义，一定要说明数据内含的意义。对于一些数据，特别是表达销售

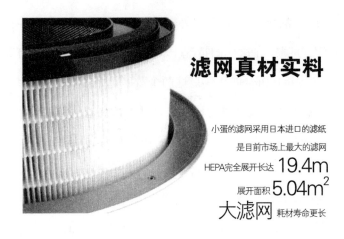

图5-27 小蛋净化器的产品功能特色介绍

资料来源：http://luyan.chuangye.sina.com.cn/activity/detail/202

量，或是产量的数据，有时候在路演中以曲线图的形式表达出来，不仅能很好地展示出数字变化的大趋势，而且让观众有一个直观、简洁和明了的印象。如图5-28所示，在一个"皓庭新风"项目中，为了说明新风市场规模，路演者用一些发达国家与中国目前的新风安装情况进行比对，并用矩形图来表达，以说明新风在中国还有很大的市场发展潜力，就很有说服力。

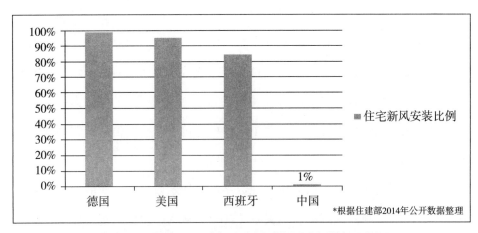

图5-28 "皓庭新风"项目中不同国家新风安装情况对比图

资料来源：http://luyan.chuangye.sina.com.cn/activity/detail/190

再比如，在"GoEast"项目路演中，为了说明海外学习汉语热情逐渐高涨，路演者用了如图5-29所示这样一张折线图来反映海外相关汉语教学学院的发展情况。从图中我们很容易看到这是一个向上发展、逐渐增加的变化态势。

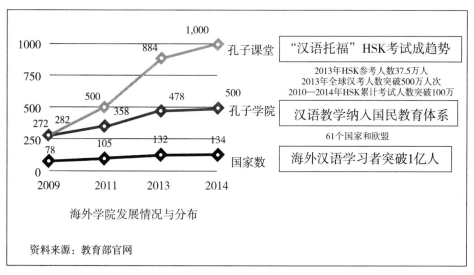

图5-29 "GoEast"项目用折线图来表达海外汉语学习发展趋势

资料来源：http://luyan.chuangye.sina.com.cn/activity/detail/219

总之，不管你身处什么行业，在项目融资路演时随便抛出去的数字对观众可能不会产生什么影响，除非你通过对比、释义分析去赋予它们意义。对于发表数据资料的路演者来说，你的目标并不是让观众记住数字本身，而是要让观众注意数字所代表的意义，注意数字所反映出来的发展趋势，只有这样才可以将数字信息变得更有意义，更有影响力，最终也会更有说服力。

利用支撑性材料强化观众印象

俗话说：耳听为虚，眼见为实。在进行项目路演时，如果拿出实物例证无疑是非常有说服力的。在这方面，我们需要澄清以下这些问题。

首先，路演幻灯片制作时可以用来作为支撑性材料的形式都有哪些呢？答案是实物、照片、视频剪辑等。在项目路演时，我们常用的一些支撑性的材料，是我们可找到的所有根植于事实或行动成果的证据，与它相对的是那些仅指向未来的、用描述性词语表达的意向或意愿。譬如，可以作为路演支撑材料的，不是说"我们正在努力申请专利"，而是亮出专利证书；不是说"我们获得了客户的普遍认可"，而是给出具体的客户用后评价；不是说"我们准备利用线下专营体验店来配合这个平台的线上销售"，而是拿出线下体验店的实体照片。这些实物、照片、视频剪辑等能够强化我们要传递的思想，让项目路演更加真实可信，更具说服力。

其次，哪些东西可以被用来作为路演时的支撑性材料呢？主要包括专利证书、产品实物、获奖证书、利益相关方的赞许性评价、新闻报道、发布会活动、创始团队所参与的各类相关社交活动、加盟的专家顾问等。这些材料需要在路演前就进行有意识地收集和整理。在以往我们指导的项目路演中，这些支撑性材料常会被无意间忽视。

最后，我们如何利用支撑性材料来展示和表达自己的思想呢？任何材料都是为了帮助我们表达思想，所以怎样利用这些实物、照片或视频，简洁并突出地表达我们想要表达的意思就显得尤为关键。下面就用一系列成功的实例来示范说明，帮助读者体会支撑性材料使用的妙处和技巧。

◇ 说明公司实力

这是一个名为"达观数据"的项目融资路演，这是一家做大数据分析的公司。在介绍自己的技术背景时，除了说明自己拥有40多项国家发明专利、在国际学术期刊发文数十篇、被国内外媒体报道等之外，路演者在幻灯片上专门呈现了团队3次荣获国际大奖的照片，如图5-30所示。对于一家技术驱动型的大数据分析公司，这种安排很好地向观众证明了自己的技术背景和实力。

图5-30 "达观数据"获国际大奖照片例证

资料来源：http://luyan.chuangye.sina.com.cn/activity/detail/234

◇ 说明运营情况

"GoEast"项目路演主要介绍其在线汉语学习平台。路演者在讲解时为了说明自己的运营除了线上学习外，还会通过线下体验店来营造学习氛围，就给出了一张线下体验店的照片，如图5-31所示，这种图配文的表达方式给人带来强烈的真实感。

图5-31 "GoEast"中展示自己在线下的体验店照片

资料来源：http://luyan.chuangye.sina.com.cn/activity/detail/219

◇ 说明项目落地情况

在"出国啦"项目路演中,在介绍完项目的运营方案与平台优势之后,路演者没有用理性的数据来分析现有的啊啦叮团队及其运作情况,而是走了感性的陈述路线,即给出如图5-32所示幻灯片来展示现有的啊啦叮团队,以及从他们口中提出项目的价值主张:"我是啊啦叮,给你最美的他乡。"这种幻灯片制作策略非常巧妙,因为人们可能不仅关注你做了些什么,而且也关注你能做什么。这种感性的陈述方式能够直接撩拨海外求学者的心声,可以更好地引发人们在情感上的共鸣,由此来强化项目存在的价值。

图5-32 "出国啦"展示已有的国外啊啦叮团队活动情况

资料来源:http://luyan.chuangye.sina.com.cn/activity/detail/220

◇ 说明介绍产品时

在"TeChe全景相机"项目路演中,为了让观众更好地认识这种不同寻常的相机,路演者选用了插播视频的方式来强化观众印象。如图5-33所示,路演者专门插播了一段用全景相机拍摄的画面的视频。这样做无疑使观众对产品形成直观印象,同时,有利于观众在体验其与传统相机的差异中增加对该产品的好感。

CHAPTER FIVE | **第5章**
幻灯片的设计

图5-33 "TeChe全景相机"拍摄的动态画面视频截图

资料来源：http://luyan.chuangye.sina.com.cn/activity/detail/209

在进行项目路演中，视频的运用越来越普遍了。在路演材料中嵌入视频剪辑有助于突出路演的效果。当然，在你的路演中运用视频剪辑时，一定要控制好时间，根据你要展示的内容来确定相应的时间长度，一般运行时间为2—3分钟。

总之，在说服和吸引观众的道路上，幻灯片制作还有许多方法值得学习，我们在这里只是呈现了冰山之一角而已，目前这方面现已形成一个专门的实践研究领域。但无论如何，其目的只有一个，通过幻灯片来强化路演者的演讲内容，对观众进行多感观的刺激，让观众更多地去感受和理解路演者的意图。我们不能只是进行理性诉求，而应最大限度地调动其情感参与。玛雅·安吉罗（Maya Angelou）认为，人们会忘记你说了什么、做了什么，但他们会永远记住你带给他们的感受。在项目融资路演时，我们不要只考虑我们想让别人知道什么，还要考虑我们的讲解和我们的辅助工具能给别人带来怎样的感受，因为只有那些与审美体验相关的感受才会使观众理解路演项目的现实意义，并最终赢得观众。

第6章

路演者的语言表达技巧

在项目融资路演中，路演者的语言与非语言表现能展示其路演风格。在我们所研究的200多个项目融资路演中，我们看到有些人慷慨激昂、有些人沉着稳健、有些人内敛而矜持，虽然风格各异，但这并不影响他们用自己所特有的方式来抓住台上宝贵的8分钟的展示机会，并最终赢得观众的信赖与好感。

根据和谐管理理论，路演者临场发挥的"能动致变"部分由它的语言和非语言表达两部分组成。这些部分虽然是可以提前彩排的，但它们仍然只是为了提高你应对各种现场突发情况的应变能力而已。无论你是否有讲稿，无论你是否熟练模拟了全程，你都不可能把成功演练的果实原模原样地搬到真正的路演舞台上。当你举步走向融资路演的舞台时，你还是需要把所有的前期准备临场表现出来。

从这一章开始，我们就来看看需要路演者"能动致变"地临场发挥的展示内容，即路演者的语言和非语言表达策略与技巧。我们将分两章来讨论，此章我们主要来看一下路演语言表达方面的相关事宜。

项目路演语言表达的定位原则

项目融资路演时，幻灯片准备得再精致，也只是一种辅助工具，只能作为路演者的"备忘录"而已。当站在舞台的聚光灯下时，路演者需要用自己的语言来诠释项目的价值。虽然幻灯片已搭建出讲解的结构框架，但在有限的时间之内，语言仍有很大的发挥空间。路演者可以只是把幻灯片里的内容简单地读一遍，也可以在讲解时加入自己的洞见和理解，表达自己的情绪和思想。总之，当有多种可能性存在时，我们就要正视一个问题：讲解时语言表达的定位。

在讲台上，路演者需要保持高度的警觉性，知道自己站在台上的几分钟的首要目标是赢得观众对项目的信赖和好感，而不是显摆与项目有关的家长里短。所以，你在组织和表达特定陈述内容时必须坚持一个原则，即"关注观众想听什么，而不是我们想说什么"。我们要明白：观众并不关心你怎样，而是关心你能使他们怎么样。这也应和了魏斯曼在《魏斯曼演讲圣经》中提出的"从听众出发"的倡议。路演者遵循了这个定位原则也就有了自己在陈述时选择素材的判断标准：一是关注观众想听的内容；二是关注观众听后的感受。

我们曾看到这样一个例子，路演者在开场时用一定的篇幅介绍自己名字的来历：他爸爸、妈妈都是哪里人，为什么给他起这样一个名字。然后，扯到这个名字与此次路演的城市有一定的渊源。最后，向台下的观众诉求说："鉴于这种关系，希望大家多支持我的项目。"这样兜着圈子的开场，路演者本意是想轻松地与台下观众建立起一种感情联系，但这种方式太牵强了，自己叫什么名字既与项目内容没关系，也不是观众关心的事情，真是白白浪费在台上的宝贵时间，观众听后也不会有探密的快感，所以这就是一个典型的反面例子。路演者完全忽视了观众想听什么，只是信口开河地讲自己想说的东西。

关注观众想听什么以及听后的感受，就是要站在观众的立场来考虑你要说的话。我们这里集中来谈一谈项目路演现场的主要观众，即投资人。他们的这一身份角色决定着他们更关心项目的价值、项目的未来前景、项目的投资潜力等，所以路演者就应该从体现并传达项目价值的立场来进行讲解和阐释。

譬如，在介绍"项目团队"部分，通常是一张幻灯片把所有团队成员的基本信息总结出来，并配上每个人的照片。因为展示这张幻灯片的时间不会超过1分钟，非常有限，观众也很难对幻灯片上密集的信息进行迅速加工，以对你团队产生基本认识，所以这时路演者的口头讲解就起着非常关键的作用。从观众的视角来看，他们主要关注的是"为什么是你们而不是别人来做？"因而，路演者讲解时，就不能仅仅照着幻灯片把团队成员的背景念一遍，而是要让观众认知到："我们的知识基础、工作经验、社会人脉等是如何配合项目的""我们是如何有热情、有意愿并且专注投入的一群人""我们简直就是运营这个项目的最佳搭档"。这样去讲解幻灯片才能让观众了解你的团队，并产生对你们的好感与信赖。

总而言之，路演者用口头语言来阐释幻灯片内容时，一定要站在观众的角度来呈现他们想了解的信息。这样的"利他思维"乃是项目路演语言阐释的基本立足点。

项目路演语言中的遣词造句

谈口头表达，就有必要来说说遣词造句，因为你如何诠释幻灯片提供的信息将影响你的路演效果。遣词造句就是运用词语来组成句子，而这些句子是人们理解你项目的基础。你的语言可能是理性的，也可以是感性的，这是你的个人风格，但关键是你如何把项目的核心主旨表达准确。我们这里所提的遣词造句主要就是关注你在项目路演过程中语词的使用是否做到"明理"和"动情"。

所谓"明理",就是把你所认同的理讲明白。在路演中你要让观众理解项目价值的基本逻辑,就必须通过准确的用词来使自己的论述立论合理、推理恰当、论证充分,使整个论述过程环环相扣而没有疏漏。所谓"动情",是指你的路演结果使观众产生积极愉快的情绪体验,即观众对于路演项目形成认可和接受的积极情绪,如欣喜、高兴和惊叹等,而不是对路演项目产生质疑等的消极情绪,如厌烦、失望、愤怒等。

明理

项目融资路演中你应该做到"明理"。逻辑合理是人们对你项目产生好感的基础,所以我们一定要通过准确的造句,以及句子之间恰当的推演关系来保证我们的语言清晰表达了自己的思想。

但在现实的许多项目融资路演中,路演者在演讲时夸大其词、偏激狭隘、含糊不清、句子之间逻辑跳跃等时有发生。譬如,在李浩源的《商战路演》一书中,向我们讲述了这样一件事:有一位创业者,他所做的产品的最大特点在于能与电子邮箱深度集成,大大便利那些电子邮箱的重度用户,而他自认为"你的客户在哪里?"这个问题的答案已经非常明确,于是在路演过程中理直气壮地陈述道:"我们将客户定位在非互联网的传统行业中需要团队协作的白领人士。"因为在他看来,团队协作工具在互联网行业已经有一定的知晓度,而对于非互联网行业人士而言,是个新鲜事物。所以这位创业者希望能将一款简洁、易上手的产品展现在他们的面前,以解决他们团队协作的困扰与不便。但在路演问答环节,这位创业者的这一说法却遭到炮轰:"你所谓的传统行业到底是指什么?""你觉得谁会是电子邮箱的重度用户?""你提到了外企大多使用电子邮箱办公,但他们显然并不是你们的目标客户。"……面对这些问题,这位创业者原本心中坚定的答案迅速瓦解。路演最终失败,这位创业者通过反思觉得就是那几个"传统行业""外企"的字眼让自己跌进了自己挖的坑里。随后,他及时将语句做出调整,不再把目标客户定义得那么狭隘,而是变成了"有团队协作及任务管理需要的中小型团队"。如此陈述便清晰了许多,也少了许多会把自己绕进去的字眼。

再譬如,有一个做中高端场合类服装租赁的项目,路演者一上来就立下豪言壮语:"我们是国内最受欢迎的中高端场合类服饰分享平台",并且做出"北京市内2小时送达""售价的1/10"等承诺。但当我们听完整个项目介绍之后,根据经验判断,现在的项目设计与路演者雄心勃勃的标榜相去甚远:第一,项目设计从租赁到回收的整个闭环变现的支撑点在哪里?各环节的成本和收益如何平衡?第二,项目保证"北京市内2小时送达",通过什么配送系统,如何实现?第三,项目提出"售价的1/10"又是以什么为标准核算出来的?该网络平台需要怎样的运营和盈利模式来支撑?第四,该项目团队比竞争对手有什么优势?所以是否是"最受欢迎的"不是你一厢情愿地认定,而是要接受市场的考验。

因而,在进行项目融资路演时,每一句话我们都要反复推敲,让我们的遣词造句恰当而准确。只有在路演陈述时,逻辑严密地表达出你瞄准的用户痛点很"痛",且市场容量很大,你的解决方案优于现有竞争对手,你的团队有实力,你的落地方案可靠,你的融资规划合理,等等,人们才可以看到并理解你项目存在的独特价值。

动情

由于8分钟的项目融资路演时间非常有限,你站在台上根本没有机会通过"卖萌"博得同情或怜悯而让观众对你的项目情有独钟,你必须言简意赅并且清晰地陈述你的项目价值以获得观众,特别是投资人的理解和认可。那么，在路演过程中你的遣词造句能否给观众带来好的情感体验，关键看能否让观众形成"愉快"的好感。

这里我们借鉴心理学中关于情绪的分类，如图6-1所示。具体在项目路演中，我们认为：你的路演结果最好使观众产生积极的情绪体验，即观众对于路演项目形成认可和接受的积极情绪，而不是对路演项目产生质疑等的消极情绪，如厌烦、失望或愤怒等。在项目融资路演中，路演者的语句表达应该让观众的情绪落在图右侧的"愉快"维度，最好是右上方的"愉快—高强度"象限内，而非图左侧的"不愉快"维度内。只有如此，才可以让你的观众不仅看到项目的价值，同时沉浸在愉快的情绪中，这样他们才更容易理解和接纳你的项目。

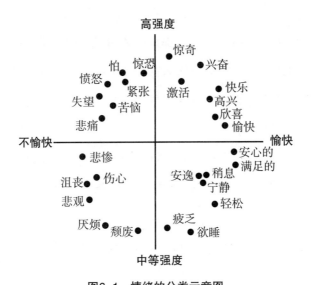

图6-1 情绪的分类示意图

有一个项目融资路演，在介绍自己的团队成员时，路演者说："我们没有拿过任何投资，我们也没有政府背景，甚至我们也没有海外留学人员的背景，每个人都讲我们是一个'三无公司'。"我们来分析一下这样的表达会给观众带来什么印象。从意义沟通的角度来看，路演者传递的意义如下：一是我们非常不容易；二是强调自己是自力更生的。创始人引以为豪的是他们现在已经达到拥有400多名员工、服务692客户家这样一个规模。但作为投资人，他们关注的是这个项目的价值和发展潜力，而一个项目的价值和潜力在团队搭建上的标准不是看你是否是自力更生的人，而是看你是否有能力、资源和条件来做成这件事。如果路演者传递的意义和投资人期望的标准之间就形成了"期望落差"，这种落差就会给观众带来不满意、失望等"不愉快"维度的情绪体验。

从图6-2我们可以看到，"愉快"维度与"不愉快"维度的情绪产生机理在于观众"期望"与路演者传递"意义"之间的差距。还以项目团队这部分来说，如果你所展示的团队成员背景条件都非常好，高于投资人产生心目中认为可以完成项目的基本条件，那么投资人会非常满意，从而产生"愉快"维度的情绪；但如果你所展示的团队成员既没有背景和资源，也没有展示出决心和意愿，就低于投资人心目中预设的基本条件，如此投资人会非常失望，从而产生"不愉快"维度的情绪。

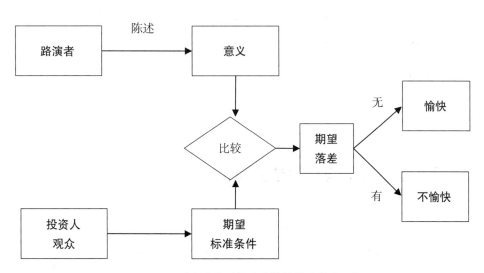

图6-2 项目融资路演对投资人情绪影响的作用机理

譬如，有些项目的团队建构中具有先天的硬条件优势，如团队中有院士、教授、海归或业界大伽，这些条件和资源当然会使项目锦上添花，这是你在运作项目之初就应该去寻找的社会资源。但若你的团队没有这些硬条件，例如，我们看到一些项目就是几个MBA学员组建的，那么很难满足投资人对丰富社会资源的期望，这时你的讲解就很关键。当自己的硬条件不足时，你应该知道项目团队还有一些软条件对于项目的成功运营也很重要，所以你可以通过其他陈述，如强调"我们的年青和热情""我们的专注和执着"等软条件来改善投资人对硬条件的评价，至少可以缓解他们对你团队构建资源不足而产生的"期望落差"，由此防范"不愉快"情绪的触发。只要这里没有不愉快情绪，后续你在项目其他方面的优势就有可能更好地被观众所认可和接纳。

总的来看，在项目路演口语中的遣词造句部分，我们强调路演要遵循两个方面的逻辑：一是价值逻辑，二是情感逻辑。你在展示项目时，无论是团队构成，还是落地计划、市场潜力、竞争优势、盈利模式、融资设计等，都要依据观众心目中的标准与你讲解时传递"意义"之间的"期望落差"的调控来践行这两条逻辑，即至少让观众看到其具有潜在发展的可能，同时最好能在情感上赢得观众的好感和认同。

项目路演语言中修辞手法的运用

正如卡迈恩·加洛（Carmine Gallo）所说，文字内容固然重要，但是真正实现迥然不同的演讲效果的是表达方式。有些人在项目路演时能把项目介绍得绘声绘色，但有些人却讲得令人昏昏欲睡，为什么呢？我们来谈谈项目路演中修辞手法的运用。

修辞手法是通过修饰、调整语句，运用特定的表达形式以提高语言表达效果的方式和方法。亚里士多德在关于演说和辩论的古书《修辞学》中提出："修辞可以被定义为一种能力，即在每一种特定情境或事件中发现可行的说服方式的能力。"在项目路演中常用的修辞手法有比喻、设问、拟人等。运用一定的修辞手法来表达，会让你的内容更浅显易懂、形象生动、富有吸引力。

下面我们就逐一来看看在项目路演中常用的几种修辞手法。

比　喻

比喻是人类最古老的文学修辞工具之一。它使我们的语言更具黏性，它连同色彩、故事以及情感由人体的右脑一起加工。比喻可以创造一种感觉，并且可以简化复杂的思维。具体来说，比喻就是根据事物的相似点，用具体的、浅显的、熟知的事物来说明抽象的、深奥的、生疏的事物，通俗地说就是打比方。比喻的作用在于能将表达的内容说得更加生动形象，给人以鲜明深刻的印象，用浅显常见的事物解说深奥罕见的事物，帮助他人深入理解。例如，在信息技术发展的早期，"高速公路"是信息技术的最佳比喻，而如今最热门的比喻则是"云"，例如"大数据云"。

比喻的好处在于它会呈现一幅语言图画。据说，大脑处理图像的速度是处理文字速度的6万多倍，因此，可以说一幅图画等同于6万多个文字。想像一下，在介绍你的观点时，听众的脑海中把文字顷刻转化为一幅图片，你会节省多少时间。艾森豪威尔将军的军士受命去打探战况后，被要求作出简单的评估，他说了一句话："先生，想象一个面包圈，我们就是中间的那个洞。"这个比喻多么形象啊，即使多年以后，你仍然会记得这个形象的比喻。

在项目融资路演中，运用比喻就好像是给黑暗的舞台打聚光灯，让听众的注意力集中到你想让他们关注的地方。比喻方法用得得当，观众会立刻明白你要介绍的内容，并留下深刻的印象。我们来举几个例子。

在一个"盈盈理财"的项目路演中，路演者多次成功地运用了比喻的手法来介绍自己的内容。项目的目标用户是"20—30岁，贷款额度不到1万元的小微企业及个人"，但路演者并不是这样平铺直叙，而是打了一个比方："他们是这样一类人，他们要到银行去（贷款），银行是连糖都不会给他们吃的"。把"不给你贷款"，形象地比喻为"不给你吃糖"，十分生动。

另外，我们专门来介绍"类比"的修辞方式。在文学中，类比属于比喻的范畴，它是扩展式的比喻。运用类比的修辞手法，可以将你的想法或产品和观众熟悉的另一个概念或产品进行比较。类比的作用是借助类似的事物的特征刻画本体事物特征，更浅显形象地加深对本体事物的理解，或加强表达者的某种感情，烘托气氛，引起观众的联想。类比的逻辑推理能引起观众丰富的想象和强烈的共鸣。所涉及的两个事物间的相似点往往非止一端，而是各各对应的，它们形成了逻辑推理的前提。根据埃默里大学心理系教授格雷戈里·伯恩斯（Gregory Berns）的解释，大脑总是希望消耗最少的能量。这意味着人们不愿意绞尽脑汁来弄明白对方的话。"效率原则很重要，这意味着大脑任何时候都希望使用快捷的方式达到目的。"类比就是一种处理信息的快捷方式。影响路演的因素很多，但是没有什么影响因素比使用深奥的专门术语和过于复杂的表述更具杀伤力。若人们在项目路演时使用"最佳品种，技术领先，最优的解决方案"等专业术语，非但不能给人留下深刻的印象，还可能会使观众昏昏欲睡。

类比是将特定事物附带的信息转移到其他特定事物之上的认知过程，是由两个对象的某些相同或相似的性质，推断它们在其他性质上也有可能相同或相似的一种推理方式。类比帮助我们理解那些对我们来说可能比较陌生的概念。譬如，英特尔公司运用得很成功的一个类比是"微处理器就像是计算机的大脑"。在许多方面，芯片对于计算机犹如人类大脑对于人体一样具有类似的功能——芯片与大脑这两种不同的事物具备相同的功能。乔布斯在接受《华尔街日报》的专栏作家采访时，就运用了一个很好的类比。他说：很多人说iTunes是他们最喜爱的Windows应用程序之一，"这简直就像给一个在炼狱中饱受煎熬的人递上一杯冰水"。

我们来看看一些项目融资路演中的典型例子。在一个"上上签"项目路演中，路演者在讲解网上数据的真实性问题时，就自我记录数据没有法律效力这样一个情况运用类比的方法进行说明。她说："你既是运动员又是裁判员，这样你有可能变动数据，而这当然是没有法律效力的。"她把这个自我记录的过程和大家所熟悉的运动会上裁判与运动员的关系进行比对，这样就会让人更容易理解。再比如，有一个"盈盈理财"项目，在讲解自己的市场容量时，他没有用简单的数据说明我们会有多大，而是将其和一些人们非常熟悉的企业进行类比，他说："如果所有小微都到我的网上发布20万—30万的资金需求，那我就是不用柜台的金融机构，我就是金融业的Uber和滴滴了。"这里，他直接把自己比喻为现今非常知名的两个共享巨头，这种关联一是让人很容易就理解了它是干什么的，二是将这些巨头的光辉形象投射在盈盈理财身上，从而引发观众对这家企业的美好憧憬。

但有一点我们需要强调，在运用比喻时一定要准确，即进行类比的事物应具有极强的相似特征，若不然，会让人感觉牵强而不舒服。例如，在一个项目融资路演中，路演者为了说明自己的市场份额远远高于其他竞争对手的，他这样比喻："现在企业都比较流行结婚，但就是现在市场上的第2名、第3名和第4名加在一起，让他们结婚，他们的市场份额占比也不会超过我们公司（的市场份额）。"他把"市场份额的加总"比喻成"结婚"，令人感觉有点别扭：一是传统上我们理解"结婚"是甲乙双方的行为，而不是一个三边主体的行为；二是"结婚"不是一个简单的加合关系的建立，而是一个复杂的新生活模式的开启，用来比喻市场加总，并不妥当。所以，比喻这种修辞手法需要慎重使用，必须让人产生美感，或积极的形象，且类比的事物要具有极强的可比性，才能使我们的路演更生动和形象地被观众所理解和接受。

设 问

设问是为了引起观众的注意，故意先提出问题，然后自己回答的一种修辞手法。它的作用是提醒人们思考，或特别地重点突出某些内容。

在项目融资路演中为了吸引观众的注意力，我们经常会采用设问的方法。通过提问来激发观众探索问题的好奇心，从而能很好地让观众产生一种代入感，使其跟上路演者的演讲步伐。常见的形式就是在正文中穿插一个提问，譬如，"我来介绍一下我们的商业模式。我们是怎样赚钱的呢？"把一个平铺直叙的论述转化为一个设问，从而提起观众的兴趣。

设问在路演中应灵活使用，我们可以对局部进行单个提问，譬如，"皓庭新风"项目是做家庭新风系统的，在路演中，路演者在一开场就先问大家："请问大家今天来这里有多少是带口罩来的？"然后自己又做答："是的，雾霾问题已经很严重了。"由此引出自己的项目，并在下面用常规的顺序陈述项目。

也可以用几个大问题把整个项目路演串联起来。譬如，一个"基于大数据的智慧医疗决策平台"项目，在介绍用户痛点之后，路演者就提出一个讲解框架，并说："接下来，我们将从以下几个方面来向大家介绍我们的项目：我们是谁？我们做什么？为什么是我们？谁来用？我们能解决什么问题？"整个路演内容就是用这几个问题串连起来的。

设问可以被灵活地运用在不同的地方。在一个"芯迪半导体"项目路演中，路演者就用设问的方式来表达其项目的使用特色。她说："它的价值和应用究竟在什么地方？应用的场景很多，我举一个例子：大家知道，现在摄像监控无处不在，我们要从模拟摄像转换成网络摄像，原来的铜轴线就不用了，但是用了芯迪半导体技术以后，原来的轴线可以继续用，我们可以互用原来的数据线。"

由此我们看到，设问这种修辞方式可以被灵活地用在你想用的任何地方，只要在你陈述的内容上穿插几个以提问来导向的话题就可以了，它也是激发观众兴趣的一种常用方式。

引　用

引用就是把名言、史实、资料、诗词、典故、俗语有选择地组织到文章或讲话里，又称"用典""引语""援引"等。引用就是用现成的话来提高自己语言表达的效果。常被我们利用的有名言、警句、俗语、成功人士语录等，这些东西之所以能积淀下来在于它们一般都是高度浓缩的话，且精准地表达了一些基本的道理，或阐明了一些极具启发性的基本规律。引用是赋予路演生命力的手段之一，好的引用可以给整篇展示增色添彩，使之熠熠生辉。

在8分钟的项目融资路演中，引用的修辞手法可以不多，但一旦你引用了，就会增加路演的说服力。例如，在"上上签"路演项目中，路演者说："我们秉承亚马逊创史人贝索斯的话：'善良比聪明更重要。'所以我们在大家面前是诚实的，在客户和投资人面前是诚实的。"路演者不仅表达自己坚持"诚实"的特性，更通过引用成功人士的话来佐证自己走在正确的方向上。

在一个有关无线视频的"视听无线"项目融资路演中，路演者引用用户评价来突出自己的产品优势，他直接引用自己的主要用户，即好莱坞导演对产品的评价。路演者说："这是好莱坞客户对我们产品的评价，我并没有进行翻译,总体来说,他们认为这是电影行业的变革,以后会成为电视电影导演不可或缺的设备。"

引用必须恰当、准确,否则会让观众产生不严谨和不可靠的质疑。例如,在一个路演项目中,为了介绍市场容量,路演者说:"大家在日常生活中很少见到视障人士,以为这是一个小众的市场,其实不然。2014年中残联的官方数据显示,中国的视障人士已达到1 730万人,并且以每年比较快的速度在增长。北京大学一项研究报告显示,2020年中国视障人口将达到3 000万;相关行业报告显示,未来2—3年将有1 000万视障人士陆续用上智能终端,到2020年,相关行业市场规模将超过350亿人民币。"这里除了第一个数据是实在的,其他数据都不太确切,如"增长较快"是多快呢?"相关行业""相关行业市场规模",分别有多大的"相关度"呢?这里引用如此不确定的数据和来源,会让观众对其数据的准确性产生质疑,进而会觉得路演者不够严谨务实,这可能也会影响观众对项目可信度的认同。

拟 人

拟人就是把物当作人来写,赋予物以人的言行或思想感情,用描写人的词来描写物。拟人是使具体事物人格化,使表达的语言生动形象。这里我们来看几个例子。

在一个"电子级砷烷项目"路演中,路演者想说明电子材料的重要性,他是这样解释的:"如果说半导体行业是一个巨人,那巨人的身体里流动的是什么呢?就是电子材料。因此,电子材料作为我们未来发展的主要方向,我们专注于这个领域。"这里把发展规模庞大的半导体行业比作一个巨人,而电子材料就是它身体里流动的东西,这种拟人化的解释更加生动和逼真。

在"爱学贷"项目路演中,在介绍项目的运营思路时,路演者说:"大学生是一群'没有信用记录的人',我们给他们一些信用记录。不仅是借钱,也不仅是赚钱，围绕他生活的方方面面，譬如，他要交学费，甚至是吃饭，都可以生成信用记录。我们就是在大学校园里用金融做一个循环系统，就像人的心脏，只不过里面流动的不是血液，是钱。这里面有很多数据可以产生，这样就能产生一些征信数据，从而让他的信用变成现实。"这里把金融系统用拟人的方式形容成"人的心脏"系统，把抽象的东西解释鲜活了。

在"优甲通博"项目路演中，路演者用了一个拟人的方式来解释"计算机视觉是什么"。他说："计算机视觉就像我们的眼睛一样，在我们每天接收的外界信息中，有超过83%的比例来自视觉，远远超过听觉、嗅觉和触觉等。机器也是一样的，计算机视觉就是让机器可以看懂这个世界，让它们变得更聪明。"这里用人的眼睛来形容计算机视觉，让观众可以更方便地理解。

在项目路演中，大部分路演者都采用平实的陈述方式，拟人的手法不是必需的，但如果能恰当地使用则可以使你的路演锦上添花。

排 比

排比就是把结构相同或相似、语气一致、意思相关联的句子或成分排列在一起。它的作用是增强语言气势，加强表达效果。

例如，在一个"无障碍智能移动"项目路演中，路演者在介绍自己的创业背景时就用排比句来表达自己激昂的感情："我从1993年开始创业，20多年的创业生涯中充满坎坷和艰辛，每次有困难时都有许多朋友帮助我渡过难关，这种经历让我逐渐有了感恩之心，也有了良好的社会责任感，更有了百折不挠的进取精神。"这样层层递进的句式让人感觉到一种力量和激情。

这种排比的句式不是在每个路演中都能看到的，完全与路演者的个人风格有关。譬如，在一个"爱的延伸"项目路演中，我们看到路演者多次使用排比的修辞方式。在一开场路演者就说："我不是一个好儿子，当我在世界各地创业的时候，我没有时间陪我母亲谈谈天，聊聊家长里短。我不是一个好爸爸，因为当我忙于工作时，我没有时间为我的儿子解答十万个为什么，没有时间了解他的智力情况。我不是一个好领导，因为当我的战友从战场上回来，有两个死于战后抑郁症，没有人帮他们排解忧愁，没有人和他们聊天，所以他们自杀了。那么，怎么来解决这类问题，我能为他们做些什么？我这个情感机器人大脑（项目），可以解决这类问题。"在路演结束时，路演者又用了一组排比句："这是一个人类的梦想，请你让它诞生在中国，请你让它诞生在桐乡，请你让它诞生在这里吧。谢谢！"当路演者使用排比句的时候，我们可以感受到他的激情四射，但我们需要知道，最新的有关激情的研究成果显示：路演者的激情与投资人对项目的评价是没有显著的正相关关系的。

当然，我们还要注意排比的正确运用。例如，在"爱的延伸"项目路演中，路演者在介绍自己的团队时，不仅强调其特色，而且他还用了一组排比句来说明自己不是在"忽悠"。他是这样说的："我们团队有这样的优势，我们有这个品质，我们有这个技术。我作为一名军人不屑于忽悠；我作为一个宇航工程师，我不可以忽悠；我作为司法部的人员，我不敢忽悠。"在语言表达上，非负不一定就是正，所以直接正面表达我们多厉害、我们代表世界前沿可能会更好，不用引发人们的负面联想。另外在这里运用排比的方法来加强语气，感觉有些做作，不太自然。

项目融资路演语言表达策略

项目融资路演语言表达有三个层面：第一层面，要保证路演者在讲解时顺畅不生硬，这就要求路演者不要逐字地读幻灯片，而是用语言自然流畅地把幻灯片上的提炼点顺连起来，呈现基本的自然的内在逻辑；第二层面是更高一个级别的，它要求清晰易懂，路演者能把字里行间的意思通过一定的意义营造方式表达出来，使观众理解和接受；第三层面是最高层级的表达，即路演者能让观众融情与共，这要求路演者在讲解中不只是理性的陈述，而是通过一定的"故事"，从感性层面调动观众的内在心理体验，从而使观众产生情感共鸣。

流畅不生硬：要去讲片子，而不是读片子

路演者永远都要面对一个巨大的挑战：需要展示那些充满数字的、枯燥的幻灯片，但还不能把观众给讲瞌睡了。路演者常犯的错误有如下几种。第一种情况，路演者一直在读幻灯片上的内容，从而让观众产生一种反感情绪，观众会想：我自己也会读！第二种情况，路演者只是背诵路演文稿，没有任何延展性的扩充和说明，也会让观众觉得索然无味。第三种情况，路演者泛泛地谈论演示文稿的内容，且所讲的与幻灯片上呈现的并不一致，以至需要观众反复核对幻灯片与路演者所说的内容，这会让观众觉得十分混乱。

这些问题出在项目路演的叙述方式上，而不是演示文稿的设计上。演示文稿应该保持简洁，具有概括性，但即使是最简洁的设计也需要路演者清晰连贯的讲解和叙述来配合。

魏斯曼（2013）归纳总结了一些演讲中可以让观众不会感觉你在读片子的讲解技巧，我们来具体看一看。

◇ **拓展标题**

为了避免令观众产生单调重复的感觉，每单击一个新页面的时候你可以针对标题进行补充描述，用简单的叙述在总体上概括一下整个页面的内容，包括标题和其他页面元素。例如，如果是一个包括5条内容的融资方面的幻灯片，你可以说："现在您可以看到我们过去5年的收益情况。"如果是一个有20条内容的幻灯片，你可以说："这是我们以每年25%的速度增长的历年来的

收益情况。"如果是饼状图,你可以说:"这里展示的是我们不同区域的收益占比情况。"

你也可以用拓展标题的方式来描述替换数字类型的幻灯片。比如一个介绍子类的页面,你可以说:"这是我们实现盈利的四个步骤。"如果是很复杂的技术图表,那么你可以说:"这是我们的整体技术架构过程。"

你还可以通过上下文之间的承接关系来注解新的幻灯片。譬如在"GoEast"项目融资路演中,路演者呈现给大家的幻灯片就是如图6-3所示的一个非常简单的总结。但在这个题目下,路演者却给出了很好的注解,她说道:"面对当前如此庞大的市场需求,与之相对应的却是汉语产品的单一和匮乏。"她在这里就很好地扩充了幻灯片上呈现的简单词组,并承上启下地进行必要的内容扩充。

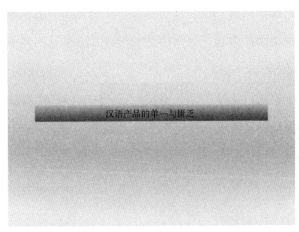

图6-3 "GoEast"项目中的总结图片

资料来源:http://luyan.chuangye.sina.com.cn/activity/detail/219

◇ 释义

为了避免给人以"通读"的感觉,你可以对所讲的内容加以释义、类推或者使用一些近义词。

在针对路演标题的讲解上,如果标题是"巨大的收益增长",你可以说:"我们的收益增长速度惊人";如果标题是"多重的市场驱动",你可以说:"目前有很多种源动力在帮助我们的市场成长";如果标题是"全面的专利备案",你可以说:"我们在知识产权保护方面做了许多工作。"这样,观众就能够很快了解内容,并且不会产生反感。

在针对路演内容的讲解上,我们依然可以用"释义"的方式,来灵活自如地介绍我们的项目。譬如,在"GoEast"项目融资路演中,针对图6-4的讲解,路演者就释义得比较巧妙。这张图是一个较复杂的表格,它展示的是市场上一些竞争产品的情况,路演者是这样讲解的:"互联网的学习有平台类,也有工具类,又可分为以下几种。英语的学习产品随便想想就能想出很多,那汉语的学习产品呢?我从2004年开始做汉语,我对这个领域非常熟悉,但我真是绞尽脑汁才给大家列出了这几家,而且它们共同的劣势是:内容是英语且非常少、碎片化,它们并不是专门针对汉语学习的,而是和其他语种共享的,特别是口语类的学习。那么,市场非常非常繁荣,产品又那么少,我们为什么不进入呢?我们提供的是怎样一个产品呢?"总之,这张表格的信息量很大,但路演者讲解时,运用语言的丰富性,处理得详略得当、重点突出,让人一听就比较好地理解了现在市场上汉语教学存在的问题。

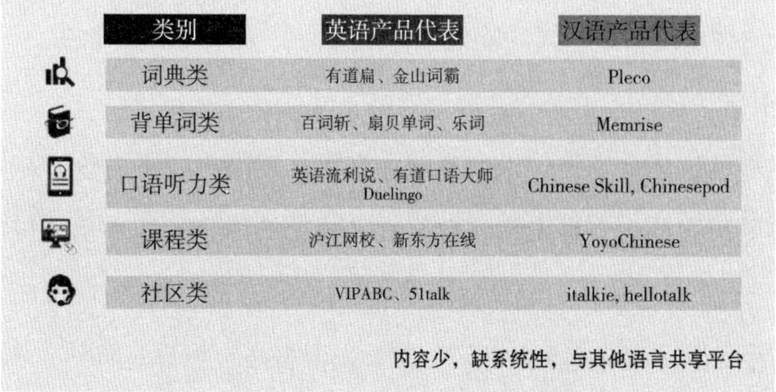

类别	英语产品代表	汉语产品代表
词典类	有道扇、金山词霸	Pleco
背单词类	百词斩、扇贝单词、乐词	Memrise
口语听力类	英语流利说、有道口语大师 Duelingo	Chinese Skill, Chinesepod
课程类	沪江网校、新东方在线	YoyoChinese
社区类	VIPABC、51talk	italkie, hellotalk

内容少、缺系统性、与其他语言共享平台

图6-4 "GoEast"项目图片与讲解示范

资料来源:http://luyan.chuangye.sina.com.cn/activity/detail/219

在"吆喝科技"项目融资路演中，为了说明如何用数据化驱动来解决移动广告用户"非数据化、不透明决策和不会赚钱"的问题，路演者介绍了自己项目的运作流程："通过我们的云平台，我们可以支持开发者把三个不同的版本发布到线上，接入我们的SBK之后，我们可以在后面做流量分割和群组这样的事情，帮助你在你的用户上做实际AP测试试验，得到确实的结论。"这种讲解是非常枯燥和抽象的。为了更好地让观众理解，路演者紧接着说："就像这一个例子，仅仅改变了按钮颜色，其转化率就提升27.4%，影响是非常巨大的。"这里追加的这个例子把抽象的原理解释变为人们可观测和考量的事物，让观众很好地明白了路演者想传递的思想。

再来看一个例子，在"小蛋科技"项目融资路演中，路演者介绍小蛋产品功能时，并没有介绍过多的技术参数，而是这样解释："圆形产品与方形相比，净化效率要高好多，同时它的滤网也可以做得很大，这样的产品在净化效率、滤网的使用时间，以及滤网面积上都有非常多的优势。除了这个，我们还考虑到一个净化器，当它的使用效率最大的时候，一定是它功量最大的时候。小蛋今天CADR做到550，也就是说，当它功率最高时，开到巨风挡，40平方米的房间，12分钟就可以完全过滤一次。"大多数的路演者都只是单纯地展示产品功能，但其实我们应该解释数字背后的价值和意义，即我们应该进一步向观众说明这些新功能是怎样给人们的生活带来好处的。

◇ 引导

为了避免让观众觉得你说的与演示文稿呈现的内容不一致，从而产生错乱感，你要用言辞去引导观众理解演示文稿上的内容。如果是个饼状图，你可以说："最大的一块是占55%的绿色部分，顺时针看去，中间段的是黄色的38%，最小的部分是蓝色的7%。"对于一个表格，可以这样讲："纵坐标代表速度从慢到快，横坐标代表成本由低到高。"然后再带领观众看其中的具体内容。这样，路演者运用口头的引导会让听众更方便理解幻灯片的内容，也会觉得路演者很亲切。

接下来我们来看一个例子："趣现场"项目是做同城活动领域社交平台的，在融资路演时，路演者用自问自答的形式贯穿整个过程。

我们想做什么呢？

围绕活动本身形成一个线上平台。

我们用什么形式来做这件事呢？

就是用图片+社交的形式。

为什么用图片呢？

图片成本低，所有去现场的人都可以去拍照，并且现在可以附加链接、呈现人名、填加地点，这些信息非常丰富。

大家想想看，为什么去参加这个活动？

要么是我喜欢这个东西，要么是与我的职业相关，所以在活动里面它非常自然地凝结了职业和兴趣这两个点，可以把人聚在一起。

我们聚哪三类人呢？

我们聚的是线下参与者、线上感兴趣的人以及活动主办方三类人。

……

这种用一连串的问题穿引全过程的方式，很好地引导着观众跟着路演者的节奏走，并通过"设问"黏住观众的注意力，使大家能够从一点走向另一点。这种引导方式使观众在听项目路演时既不容易分神，也觉得项目有非常明晰的逻辑。

◇ 提供附加价值

为了避免在路演中"背诵"文稿的问题，可以通过引用一些演示文稿上没有的信息来为你的展示增加附加值、维度以及深度，例如可以引用一些数据、例子、经典或者比喻，或加入一些讨论等。在"优佳通博"项目融资路演中，在介绍团队成员时，幻灯片上展示了11个人，但路演者特别强调了一下:"我的老师××院士,是中国唯一一个做图像测量的院士,而且他也把院士工作站放在我们公司。" 一个项目与院士工作站绑定,是非常强大的背景。在幻灯片之外信息的提供,帮助观众更深入地认识了他们的团队。

其实,在项目融资路演中,许多地方都可以增加一些幻灯片之外的附加信息,通过提供更丰富的内容来增加路演的表达效果,这是增加项目说服力的一个非常重要的手段。我们再来看一个例子,在一个"智慧水运电商平台"项目融资路演中,为了说明自己"票据流"的特色,在介绍时,路演者专门提及"国家税务局税务师来我们企业调研时认为这一部分也是我们公司的一个创新点",然后再具体解释自己的流程。这里路演者穿插了一个看似不经意的客人来访事件,其实是借用第三方"国家税务局税务师"之口来突出强调自己的项目特色。

◇ 上下承转自然过渡

在幻灯片换页的时候,我们可以通过串联语来实现路演的连续性,这种方法被很多专业的作家所采用。他们从前面的章节选出一个词组或一小段话,然后在下一个部分重复用一遍,这样就很好地把两部分连贯起来了。这种方法也可以应用于两个连着的幻灯片上。例如,如果有一页名为"收益增长",而下一页是"利润增长",当你单击到利润的页面时,可以说:"我们可观的收益增长同时也帮我们实现了巨大的利润增幅。"或者如果有一页是"广泛的产品线",而下一页是"领先的市场份额",当你单击到市场份额这一页时可以说:"我们的××产品让我们获得了行业领军者的地位。"这种串联词的方法和传统的生搬硬套的过渡语"现在我要说说"对比一下,我们会发现前者要灵活很多。

在"GoEast"项目融资路演中,当介绍市场时,路演者把市场划分为在中国的外国人与在海外的外国人,所以在介绍完来中国的留学生与商务人员的数量后,路演者很自然地说:"接下来,我们把目光投向海外。海外孔子学院在2009—2014年发展突飞猛进，现在孔子学院已经有500多家了。"进而，又介绍了一组数据，路演者是这样过渡的："对了，有一个特别有趣的考试，2013年全球汉考已突破500万次，而且有61个国家把汉语教学纳入国民教育体系，我们欣喜地看到汉语学习者已经突破1亿人。"从中我们可以看到，这位路演者特别注意上下幻灯片之间的逻辑，以及过渡的自然流畅性。

总而言之，在项目融资路演时，我们用以上这些方法都可以使整个展示更具逻辑性和连贯性，让零散的各种数据信息和列表看起来是一脉相承的，把所有的数据整合在一个项目路演主题之下。这也会让满载数据的页面产生理想的效果，让观众能够关注和理解它们。

清晰易懂：通过意义营造让观众理解和接受

项目路演不仅要流畅自如，更进一步，还要让人能理解并接受你所陈述的思想和观点，所以意义营造就显得尤为重要。你在陈述中所提供的不同语境可能会令同一个内容产生不同的意义。根据框架效应原理，当呈现给人们本质相同而表述方式不同的事件时，个体对这一事件的偏好、态度、情感反应等会发生变化或逆转。譬如，同样是团队组成介绍，有人说自己的课题组成员大多是留学归国人员，让人觉得项目水准一下子提升一大截；但也有人说自己的团队成员是海归留学人员，可能会让人觉得这群人在中国市场上会水土不服。为什么会产生这样截然相反的效果？在本书中，我们特别关注在项目融资路演时你所说的话到底让观众理解到什么，又接受到什么程度。

下面将介绍三种方式来具体说明意义营造的方式与方法。

◇ 问题框定

通过问题框定来定位自己，从而让观众更能明白你所阐述的意思。问题框定就像你拿着照相机来取景拍照，同一个景致，不同的取景方式，就会框出不一样的风景。当我们用语言来描述一个事物时，也会有这种取景差异的情况存在。我们的关注点、态度、个性偏好等都决定着最终选用的语言词句，它们将形成不同的意义，从而使表达结果变得不一样。

譬如，在表达市场对产品的迫切需要时，不同的路演者会采用不同的方式，有的人会强调市场现有产品的局限性，有些人会关注人们的需要未被充分满足，等等。这些无所谓好坏，只在于你自己需要营造一种什么样的意义，是"自己强大"，还是"市场需要迫切"呢？我们来看一则实例：在一个"电子级砷烷项目"的融资路演中，幻灯片上打着"半导体行业：盛宴下的无奈——原材料、技术和设备的落后"。路演者讲解道："先给大家介绍半导体行业目前的状况吧。大家都在谈半导体，但事实上我们需要的芯片，自产的只有10%，自产的中高端则1%都不到。大家想想，这不仅是一个巨大的外汇问题，更是一个深层次的问题，在电子战、信息战的今天，如果我们存储的芯片等均来自其他国家，那么一旦信息战打起来了，我们靠什么战？如果说防，我们靠什么防？非常高兴的是，我们国家排出了电子行业大纲，也成立了独立的大基金，未来十年是我们中国半导体行业发展的黄金十年。"通过问题框定来定义自己，同时提炼出"盛宴下的无奈"这一主题句来表达这个领域发展的现实迫切性，使观众一下就抓住了路演者想表达的意义。

在陈述自己的项目定位时，问题框定也是十分关键的，观众就是想知道"你到底是做什么的？"这里就要清晰地框定自己项目独特的市场定位，通过你的定位大家就可以一下看到"你是谁？可以做什么？"譬如，在"盈盈理财"项目融资路演中，路演者说："我们所做的就是银行能解决但没有解决的问题——服务小微企业。"这样通过与主流金融业的对比来定位自己，让观众一目了然。

曾经有一个项目是做远程智能管道监控设备的，最初它就把自己定位在这里，但在这个定位中它并没有什么优势，因为一些大型的跨国公司和国有公司有非常先进的设备，根本就不需要它的服务。其实它的这套设备主要是针对一些中小型企业，采用它的设备既经济又实惠。所以，在项目路演时，路演者重新定位自己的项目："我们是服务于中小企业维护其已有铺设于地下的管道的安全监控问题的"，在这样的定位下，该项目装置的价值优势被突显了出来。

◇ 边界划分

在项目路演中，为了突显自己项目的价值，我们有时需要去做一些对比。通过对比来让观众看到自己的价值定位。特别是一些量化的数字，不应该只是摆出来，而应该在一定的边界内进行对比以体现它的价值。

我们来看两个例子。在"盈盈理财"项目融资路演中，通过边界线的划分来突出自己的地位和价值，因为不能拿全国做比较，所以路演者突出："我们是江浙一带的首家""我们是全国3 000家中的1%"。再譬如，在一个有关无线视频的"视听无线"项目融资路演中，路演者强调自己"市场占有率第一"，但他怕别人误解，于是说："我们的市场占有率是同行业排名第一，这里不是中国市场占有率，而是世界排名第一。"

总之，有时候我们可以通过把自己放在一定的位置上，并与特定范围内的相关事物进行对比来突显自己的价值。

◇ 背景烘托反衬

有时候营造意义需要辅设一些信息进行反衬。在项目路演中，我们常通过不经意间提供的一些特定信息，来间接说明自己项目的价值，或自己所说的话的重要性，或自己身份的特殊性等。就像绿叶可以衬托红花一样，我们通过释放一定的信息来谈我们项目的价值定位。

例如，在一个"石墨烯透明导电薄膜的产业化"项目融资路演中，路演者为了突出石墨烯的发展前景，这样介绍道："石墨烯是什么呢？用一句话说，一个原子层的石墨叫石墨烯。它有各种好处，比如它具有导电性、透光性和导热性。2010年的物理学诺贝尔奖就授予石墨烯技术上的发现者。上个月,这个诺奖获得者刚到我们公司做了一次技术交流,从他发表的论文及对行业的分析中,我们认为石墨烯的导电性和透光性有可能被首先用到柔性的触控平板显示领域。"路演者用石墨烯与诺贝尔奖的关系来说明这个东西的重要性,又通过提及诺奖获得者与自己企业的关系来衬托自己公司的资源背景。总之,路演者在简单介绍技术时,通过与诺贝尔奖的关系背景交代,烘托了项目的价值和自身的独特优势。

融情与共:通过情感共鸣去打动观众

在项目路演时把内容讲得流畅,且逻辑清楚,可以让观众明白和理解项目,但仅凭逻辑我们很难说服观众。除了这些理性层面的东西,我们还要注意更高层级的情感层面的触动,即在理性之外,在感性层面与观众产生一定的情感共鸣,这种融情与共的触发会更容易打动观众。

现在,仅仅通过提供数据的方式是无法影响别人的,而充满人情味的故事、与观众息息相关的重要新闻事件,却总会吸引人们的注意。现实生活中我们可以看到,优秀的新闻报道和纪录片等,与杰出的小说或戏剧一样具有感人的特质。乔·斯普瑞格(J. Sprague)在《演讲者圣经》中认为,在一场演讲中,所展开的叙事方式包含悬念、冲突,充满魅力的人物性格,几段生动的对话或一个高潮的结尾,那么,这一段必定会触动观众的内心。听众可能忘掉你说过些什么,但是永远不会忘记你的话曾经带给他们的感觉。近来的研究揭示了人类大脑深藏的秘密:决策不是由处理逻辑、事实、分析和连续过程事务的左脑作出的,而是由处理情感、概念、比喻、幽默和故事的右脑作出的。换句话说,我们的决策不是基于事实而是基于感觉作出的。我们凭直觉或预感作出决策,然后再跑到处理逻辑事务的大脑一侧——左脑,开始收集支持我们决策的事实和证据。因此,如果你仅仅通过向某人提供数据的方式来影响他,那么你就是在与左脑对话,你就是在浪费自己的时间。在项目路演时,不要只告诉观众你想讲的内容——要了解观众渴望感觉、知道和体验的是什么,这样才能用情感唤起观众的共鸣。

很多路演就像白开水一样,不痛不痒,很难让人记住。正如陈卓然在《乔布斯超级魔力演讲》一书中所说的那样,演讲者无论向听众宣传某种产品还是阐述某种道理,如果采用平铺直叙、枯燥乏味的讲述,人云亦云、老生常谈地说教,那么无论你所讲的道理多么正确,这种演讲都是难以深入听众的内心世界的,是缺乏说服力、鼓动性和艺术效果的失败演讲。出色的路演者往往能考虑到其他人考虑不到的部分,通过所讲述内容传达的情感信息来触动观众,只有这种路演才会脱颖而出。

如今的专业沟通方式不再是单纯地处理和汇报数据信息了,而是为观众创造一种情感体验。实际上,当你的头一沾枕头,你就会忘掉今天听到内容的90%——你的观众也是这样。要想真正与他人交流,你必须认真思考他们需要什么。

◇ 通过"故事情节"创造情感体验

现实中,大部分的商业语言都是枯燥、抽象且缺乏意义的,引入讲故事的技巧无疑是一个好方法。好的路演者能够通过讲故事来吸引观众对展示内容的兴趣。法国思想家让·保罗·萨特认为,人类利用故事来理解世间万物。讲故事也因触碰人类意识的原始形态而更有力量。

信使传递信息,领导者创造体验。路演者也应尽量去创造一种有意义的情感体验。用商务咨询专家和作家艾伦·卫斯的话说就是,逻辑令人思考,情感促人行动。所以,你要思考:为了取得你想要的结果,听众需要感受到什么?仅仅向他人提供信息是不够的——因为人们并不是基于逻辑,而是根据感觉作出决策的。倘若你不是对着负责感情事宜的右脑说话,那么你就不是对着决策者说话。你可能展示了很棒的数据,但是,如果你没有激发他人的情感,那么,你就得不到自己想要的结果。当我们想推广差别化的创意理念时，如果将其植入感性的故事中，便可以极大地提升我们所提供的产品或服务的价值和形象。

约翰·梅迪纳（Tohn Medina）是一位分子生物学家，他在《让大脑自由》（Brain Rules）一书中提出：对于一次经历，大脑会更多地记住和情绪有关的部分。如果你讲一个个小故事，就应该让它们富有人情味，并使用大量的描述性语言与生动的表达，让观众想象自己在故事发生的时候和你在一起。

所谓讲故事，就是将自身所要传达的核心理念作为骨骼，并将与之相符的故事作为血肉的过程。未来学者罗尔·詹森（Role Jenson）在他的著作《梦想社会》（The Dream Society）一书中利用丹麦鸡蛋广告和消费的例子，论述并说明了相似的现象。"丹麦市场上50%的鸡蛋都由放养鸡产出。消费者不喜欢让鸡待在狭小的笼子里，而希望它们能自由地接触天空和大地。消费者需要的是一种'产品回归'；他们希望鸡蛋用我们祖父时代的技术和方法——古老办法——生产出来。这意味着鸡蛋将越来越贵——更加劳动密集型，而消费者情愿为鸡蛋背后的故事多付15%—20%的价格。他们宁可多掏腰包也要得到有关动物伦理主义、田园风情和美好往昔的故事。我们把这叫作经典的梦想社会逻辑。尽管两种鸡蛋质量相仿，但消费者更加青睐有动人故事的鸡蛋。"罗尔·詹森得出的结论是，人们在购物时不仅考虑产品的价格是否低廉，同时也将其中的寓意和象征作为消费的要素进行参考。这里所谓的寓意和象征其实就是我们所说的故事理念。

卡迈恩·加洛在《乔布斯的魔力演讲》中曾讲述了这样一个例子：一个有机蔬菜种植大户准备演讲稿，他试图通过一系列数据来证明用有机方式种植农作物要比用传统方式种植的水果或蔬菜好，但这堆数据看了以后只会令外行人心烦意乱。后来他改用故事的方式来进行陈述，他是这样讲解的："以前，我在普通农场工作，当我回到家时，我的孩子想迎上来拥抱我，但他们不能这么做，因为我不得不先洗澡，清洗衣服并消毒。而今天，我可以在干完农活后，立刻离开我的生菜地，去拥抱我亲爱的孩子们，因为我的身上不再残留什么会伤害他们的有毒物质了。"

介绍新产品或服务需要背景，需要来龙去脉。如果你的客户在生活中有类似"痛苦"的经历，他会更容易接受能够减轻这种"痛苦"的产品或服务。在一个"小蛋科技"项目融资路演中，路演者在介绍用户痛点时采用了故事性的描述方式，她是这样说的："分享一个应用场景，在我加入小蛋之前，我们家也有一台传统的空气净化器，是我买来送给我公公和婆婆的，因为孩子总在他们家。结果过了大概两个星期，我又到婆婆家去，发现她把这个净化器很好地摆在一个角落，并盖上一块特别漂亮的布。然后我就问她，'妈，你怎么不用呢？'婆婆给我讲说：'我觉得天气还好，我觉得还行。'后来我分析有两个原因让老人不用它：第一是它上面有很多按键，非常复杂，老人要学会它，必须知道怎么开大挡，怎么开小挡；第二，就是我们也不知道空气质量怎么样，因为空气是不可见、不可闻的。所以小蛋希望解决这样的问题。第二个场景就是学校，2013年我们就考虑是否给教室安装一台净化器，由家长们集资，可是跟学校沟通很久都没有沟通下来。一台设备摆在教室里，第一它有消防隐患，老师们万一忘了关呢？第二，孩子们跑来跑去，万一磕着碰着怎么办呢？这些都是非常现实的问题。小蛋今天做了一款蛋形的产品，非常完美地解决了这些问题。"

在讲故事时，你需要客观呈现故事的原貌，不要带有任何主观评判的痕迹，这样才能让观众自己去感受并体会情境下的意义。如果你对观众说："我给你讲一个惊奇的故事"，他们听完后可能会觉得"这有什么意思呀"。因此，不要告诉观众会感觉到什么，只要描述故事的原貌就可以了，让观众自己去体会个中奥妙。例如，不要说"他是紧张的"，而要说"他双手冒汗"；不要说"今天真是个好天气"，而要说"今天阳光灿烂，微风习习"。不要说"当母亲看到儿子驱车离开，去远方参军时，内心感到很悲伤"，而是说"当母亲看到儿子驱车离开，她转过身来，用袖子擦了擦眼角的泪水"。

譬如，有一个"优甲通博"的项目融资路演，路演者在介绍自己的商业价值时通过多方面来创造观众的情感体验。他从大到小慢慢缩小话题，并把真实人物带入情境，还用小视频来增加表现力。他是这样解释的："3D摄像的装置有什么样的商业价值呢？3D摄像头把我自己呈现出来，这个胖子就是我。这有什么用呢？我知道了我的尺寸。你们在淘宝买衣服，遇到过买的衣服不合适的情况吗？买得不合适，我可以定制，至少我知道我的尺寸，而且我可以做健康管理，因为我知道我最近又胖了。这其实是一个最简单的运用，能带来许多商业价值。我们在网上过一个简单的尝试，看这个商业模式行不行得通。我们做了一个虚拟试戴，它是全世界第一款可以在网上知道你戴的眼镜好不好看的应用。我们做这一款产品证明了有利可图，它一年给我们带来300万元的收入。"

总之，我们在介绍用户痛点时，可以讲一些用户使用过程的真实体验的故事；在讲解市场容量时，可以讲一些官方报道的事实故事；在介绍自己项目的特色时，可以适时地叙述那些购买过你们的商品或服务，并且对之很满意的客户的故事，也可以提及通过投资你的公司而获益的投资者的故事。当然，当你讲述这些故事时，一定要从某个人的角度去展开，尽可能使用这个人的名字。因为人们希望听到生活中的真人真事。无论类比还是举例，这些都是为了激活观众大脑中的联想功能，从而让其能体会到你项目的价值和意义。

◇ 提供典型事例让观众"感受"到你的观点

在演讲中运用"富有人情味的具体事情"是一个非常不错的建议。根据心理学格式塔知觉理论：自知觉是有组织、结构和内在意义的整体，当人们看到某物时，无须对组成这一事物的各个部分分别进行分析然后再组成整体判断，而是能够整体地把握事物的知觉结构。所以在项目路演时，观众也会通过路演者所提供的部分信息来自动形成对整个事物的闭环认知。生活中最常出现的例子是，当我们给被试者呈现一个圆环，并问他们看到什么时，大部分人会汇报"看到一个圆形"。这也就是格式塔心理学想告诉我们的，认知中会自动地把其缺口闭合，来形成一个人们对圆的已有认知。我们在项目路演中，也可以利用这一规律，通过向观众提供典型事例，来让观众形成对项目特征的理解和把握。

譬如，在"优甲通博"项目融资路演中，在介绍团队成员时，幻灯片中展示了11个人，路演者根本没有时间去一一介绍，所以他采用了分类说明的办法，第一类"老总"级的人物是逐一介绍的，但第二类技术人员和第三类销售人员，他都是"打包"处理的。当路演者在介绍第二类人时，他是这样讲解的："这四个人是来自学界的朋友，其中这一位很牛（他用手指着幻灯片上最后一张照片），他得到了全球视觉测量最佳论文奖，全球仅此一篇。"这里他只讲解了其中一个人，用一个最强的代表来说明自己团队的实力。

再譬如，在"无线视频"的项目融资路演中，为了说明"SONY是我们的忠实用户"，路演者提供了一个具体的事例："今年两会直播期间新华社的系统用的是SONY的无线直播系统，它们的视频系统是我们提供的。"这一典型事例充分说明了SONY公司是该公司的客户。

约翰·梅迪纳博士在《让大脑自由》一书中这样写道：我们的大脑渴望迅速得到对新事物整体意义的理解，而对细节的深入理解则需要时间琢磨。所以在大的背景下，尽量引入共同的对手，这对说服他人非常关键，而且"不要从细节开始，要从问题的本质和关键信息开始。根据级别层次先介绍关键信息，再围绕这些信息展开细节"。例如，在"吃喝科技"项目路演中，路演者介绍自己的市场容量时，提出："目前国内AP测试的市场是非常早期的，我们预计全球市场可能达到千亿规模。"为了帮助观众理解，他又追加一个例子来说明:"目前我们对标的一家国际公司刚完成了第三轮5 700万美元的融资,估值是10亿美元。"这种用特定事例追加陈述的方式可以使观众真实地感受到路演者提出的原本抽象的"规模"概念的意义,从而更好地理解路演者的观点。

路演口头语言表达的忌讳

提及不相关事件

在网上电子签约业务项目"上上签"的路演中,无论是项目价值还是核心内容,路演者的讲解都非常出色,但其中却有几处小小的瑕疵。

第一处,一开场,看起来非常活泼的路演者就说:"今天早上大家听了这么多精彩纷呈的项目,可能肚子都饿了吧。那么,让我给大家播放一个十几秒的视频来让大家轻松一下。"我们来分析一下这段话:第一,你为什么要提及"饿",你的项目能解决这个问题,或与这个话题相关吗?如果一点关系都没有,大家饿不饿与你有什么关系?第二,你若提及饿,却又不能解决"饿"这个问题,这种引导,只会让人产生不快感;第三,你问观众"饿了吧",却又对大家说"让大家轻松一下",这两者毫无前后逻辑可言。

第二处,在播放完一段项目简介视频后,路演者说:"刚才我们的视频非常粗糙,但我们没有花一分钱,因为都是我们的小伙伴倾情演出的,非常感谢我们的小伙伴。"这个也是没有必要的表达,因为若是在一个1—2小时的新产品路演中,时间充足,你可以展示一些花絮性的信息,但对于一个只有8分钟的创业项目路演来说,每一秒都非常宝贵,而且你可能需要介绍的内容也非常多,所以你必须尽量把最精华的东西展示给观众。而路演者这句话有以下失误：首先，视频"粗糙"不是观众评价你项目价值的关键；其次，你的小伙伴"倾情演出"与视频"粗糙"之间也没有必然的逻辑关系；最后，你想表达是自己团队成员的激情和热情，能创造性地参与视频的拍摄，但却把"粗糙"这个不良的特点暴露出来。因为你说到"粗糙"，人们会想到的是演技差、编辑质量不高、内容不精要等问题，那么何必自找苦吃呢？

在项目路演过程中，我们一定要围绕呈现项目价值的核心主旨来组织素材，在宝贵的时间里尽量展示有意义的相关信息，多余的花絮可以留待以后有机会与投资人约谈时再表达。在这个展示中，给投资人展示他们想要知道、想弄明白的核心内容，并对你的项目产生好感是最重要的。

引发观众负面情绪

在某路演中，路演者是公司创始人之一，而且是一个有很多海外经历的海归博士，可是在介绍团队构成时，他为了显示自己的优越性、有专业的技术经验积累，竟然在台上讲了一个笑话："很多人（观众）说'我（还是指观众自己）没吃过猪肉，还没见过猪跑吗？'但我与他们开玩笑说：'你没吃过猪肉，就不够了解猪。'"虽然这是一个笑话，但用"猪"做比喻，在中国的语境下，本身就是缺乏尊重的一种表现，会让人产生消极的联想；而且你不是自嘲，而是在说别人，这就不是一种有益的玩笑，而会让人感到嘲笑的蔑视的意味。这完全是一个负向注解，而非正向注解。不要用反面的语言来表达正面的事情，因为当你用负向的语言来解释你想说的道理时，你在一开始就把人们的思想导向了相反的方向。"猪"的联想就是傻、蠢、笨，而不是任何高尚、睿智、勤奋的正面形象。其实，用一句波兰名言："经历过才会懂！"这种正向的表达完全可以让人理解你的"高大上"的经历是别人没有过的，是别人不具备的。这种正向注解，会激发出一种羡慕和崇拜的情绪，而不是反感和敌对的情绪。

在8分钟的路演讲解中,观众能理解你的项目已经是一件费神的事,更难去了解你的人品或个性特征了,所以尽量不要提及一些不好的事物来引发观众的负面情绪,否则很容易让观众对你想表达的意思产生曲解。我们知道,现在在路演项目中,投资人不仅看你的项目价值,还会看你和你的团队是怎么样的人,是否是值得信赖的,团队是否融洽和睦,等等。所以从印象管理角度来看,一个人给别人留下什么样的印象非常重要,就好比电影中的正面人物和反面人物一样。在路演中,投资人和观众判断一个人也不仅看他是否有能力、有思想,还要看一些软素质,如积极、阳光、豁达等。在短暂的接触中,尽量给人展示你正向的一面,避免给观众留下负面印象。

没有目的地空喊口号

在项目路演中,结尾部分有的路演者会进行愿景使命陈述,表达自己对项目坚定的信念,或强调自己项目的未来愿景和使命价值等,这是一个情感升华的设计。譬如,在"无限衣厨"项目中,结尾部分路演者说道:"让每一个女孩都能穿上在橱窗里看到的那套裙子。"这样的表达就把前期介绍的用户痛点、市场容量、盈利模式、落地方案等具体而理性的内容,升华到一种感性的高度。

这里容易犯的错误是没有目的地空喊口号。例如,某路演者的总结语是:"最后,我想说的是,希望大家都能成为独角兽公司,评委老师能投一个独角兽公司。"但你是否可以成为一家独角兽公司不是你可以希望出来的,评委也不用你去关注。喊出这种话就像是一片浮云飘在空中一样,与其这样,不如说一些与项目相关的实在的内容,譬如重申一下自己对项目的坚定信念,或提供一个可以实现的愿景,等等。

第 7 章

路演者的非语言表达技巧

CHAPTER SEVEN | 第7章
路演者的非语言表达技巧

在沟通中，信息的主要内容往往通过语言来表达，而非语言行为则为主要内容的框架提供解释，表达与信息相关的部分。譬如，针对这样一句话："这个领域的市场容量是巨大的。"试着把这句话里不同的部分加上重音，你会发现强调和突出的内容差异会使人们对你想表达的意思产生完全不同的理解。如果此时你再加上头和手等其他非语言的表达，则所有这些非语言行为就会引申出不同的寓意：或强调这个行业所处领域的独特，或者突出这个市场容量是"巨大的"，而不是一般的或微小的。

美国加利福尼亚大学洛杉矶分校的心理学名誉教授艾伯特·麦拉比安（Albert Mehrabian）曾发表过一篇著名论文"缄默信息：情感与态度的隐性沟通"（Silent Messages: Implicit Communication of Emotions and Attitudes），他在论文中提出影响人与人沟通效果的因素主要有三种，且各要素影响力比重不同——语言（Verbal）占7%，音调（Vocal）占38%，视觉（Visual）占55%。这个结论告诉我们：在沟通中，比起说话的内容，说话的仪态更为重要。肢体语言正是意识、思维的表达方式，也是暗示的表达方式，也就是说非语言因素是交流中最具决定性的因素；其次是语调等与语言有关的因素；排在第三也是最不重要的因素是实际的谈话内容。可见，非语言表达行为在沟通中具有重要的作用。

其实很多时候，你讲了什么很重要，但你是如何去讲的则更重要。在项目融资路演时，常常在一个硕大的舞台中只有展示者一人，你是台下所有观众的焦点，但是有些人在开始讲第一句话之前，会有如下动作：捋头发、咳嗽、整理领带、缩肩膀或缩脖子、盯着地面或天花板、喘大气、提裤子。这些动作会使观众对路演者产生极不好的第一印象，路演者一定要避免。你在台上的举手投足都会受到观众的注目，并会被理解为具有一定的意义。

那么，非语言表达都涉及哪些方面呢？非语言行为形式很多，它包括除语言和文字以外的一切传递信息的方式，如空间位置、面部表情、声音的抖动和语调的变化、身体动作、触摸行为、穿着打扮和其他装饰等。我们在本书中把项目融资路演的非语言表达分为声音特点、肢体语言、面部表情、外观特征和辅助道具五个部分。

本章我们就来看一看项目路演非语言行为的表达策略和技巧。

声音特点

声音的质量影响着你的形象，也影响着你对信息的传达。你说话的方式在一定程度上决定了人们对你的特质的理解。譬如，如果你的声音听起来自信、舒服、有自己的身份认同，听你的声音是种愉悦的享受，听众会更加尊重你；如果你的声音听起来虚弱，听众就会觉得你不自信；如果你说得含糊其词，听众会觉得你在试图隐藏什么；如果你的声音过大或十分尖锐，听众会觉得你不够亲切。虽然说话能力是人类的天赋，但是怎么把话说好是需要个人的后天努力的。

站在路演舞台上，你的声音穿透空气直抵观众，它与人们对于幻灯片的视觉信息结合，一起影响着人们对你所表达的信息的理解。而不同的声音特质会让人感受不同，因而，你有必要评估一下自己的声音状况，以便更有效地利用自己的声音。你可以在路演训练时，把自己的声音记录下来，听一下录音后思考这三个问题。

- ◆ 我的声音有没有传达我想表达的意思？
- ◆ 如果我是听众，我愿意听这样的声音吗？
- ◆ 我的声音有没有最好地展示自己？

如果你的答案不确定，甚至是否定的，那么你就需要在音调、语速、音量、表达、吐字清晰等方面努力了。

音　调

在项目融资路演时，有的人路演声音抑扬顿挫，有的人路演声音沉闷而缺少变化，听着让人昏昏欲睡，这些就是路演者音调不同所带来的差异。音调是声音停留的位置，它的范围从低沉到尖锐。在路演中，观众是通过路演者的音调变化来体会路演者想要表达的内容的重点和路演者的情感的。

每个人都有惯用的音调，即我们在说话时用得最频繁的音调。还有一个最佳音调，即我们用最少的力气发出的最强音，且声音还能够在各音阶间上下波动。迈克尔·奥斯本（Micheal Osborn）等在《发现你的声音》（*Find Your Voice*）一书中给出了一种帮助人们发现自己最佳音调的方式。

第一步，找到你的惯用音高和最佳音高。唱1a音，唱到你能够发出的最低音，即感觉十分吃力或者破音、声音沙哑的音高。绝大多数人能够发出的声音范围大约是16个音符。你的最佳音高大约在你能发出的音符范围的后3/4及以上。比如说：你能发出12个音符，那么你的最佳音高就在第3个音符及其以上的调值。这样重复练习，往低音唱，直到你能舒服地发出最低音调，然后再往高音唱，直到你能舒服地唱出最高音调，即惯用高音。

第二步，分析你的惯用音高与最佳音高的情况。用录音设备录下第一步你做的练习，比较在第一次录音中得出的最佳音高与惯用音高，如果你的惯用音高是最佳音高里的一两个音符，那么你就可以比较好地控制自己的音调。但如果你的惯用音高比最佳音高高很多或低很多,你可能缺乏提高或降低音高的灵活性,而这一行为会在交流过程中改变你的句意和着重点,你应该通过最佳音高的练习来改变自己的惯用音高。

第三步,改善自己音高变化的灵活性。通过一段朗诵发音练习,找到你的最佳音高附近的所有音符,体会音高与高效交流之间的关系。如果你的音域比较窄,你需要不断地朗诵练习,来加大自己音高的变化幅度,你会发现扩大音域会使你的声音更有效。

通常人们利用音高变化来传达意义与情感,为了更好地进行项目路演,你必须找到一个令观众悦耳而且又能保证声音灵活多变的最低限度的音调。对于有音调问题的路演者来说,需要通过平常的刻意锻炼来提高自己的惯用音高和音高变化的灵活性。而在每次路演开始之前,路演者则需要轻轻地哼唱你的最佳音调,这样,可以让路演者用正确的音调开始自己的演讲。

语 速

语速就是说话的速度,它包括音节的音长、停顿和演讲的整体速度。语速能奠定整个路演的语气。严肃的材料需要缓慢的、从容不迫的语速,而较为轻松的素材就需要较快的语速。

语速和重音形式会使路演变得有节奏,而节奏是整个交流过程中必要的组成部分。通过节奏来改变重点是很重要的。譬如,你一直保持正常的语速,突然慢了下来,并稍作停顿突出对比,观众就会关注你对比的两者是什么。因此,通过语速你就能突出重点,并让观众更容易理解。

如果你在台下是一倍的语速,那么在台上语速就会加快,你站在台上很可能就会是2—3倍的语速。因为你迫切希望赶紧卸下包袱,赶快讲完。而当你的大脑没办法支持这个速度的时候,说错话是必然的结果。因为飞快的语速不仅会让路演者越来越急,还会篡改说辞。一般情况下,人的平均语速为每分钟100—150个字。多数时候，人们的演讲语速在每分钟125个字左右。

在《魏斯曼演讲者圣经》一书中，作者魏斯曼给出一种测算语速的方法：若你想测算自己的语速，用你自然且谈话式的语气大声阅读杂志或报纸上的文章，同时做3—4分钟的计时。随后计算所读文章的字数，除以你所读的时间。如果你在每分钟说超过200个字或是少于100个字，那么听众就可能会无法完全听懂你的话。语速过快的展示者会迫使观众以高于习惯的速度对信息进行解码和处理。而那些慢吞吞的展示者，似乎在尽力避免说出整句，不紧不慢地吐出每一个字，从而会导致语义支离破碎。观众则会无奈地等待着听到一个完整的语句，最终兴致索然。其实，只要你将演讲内容内化于心，你的语速就能和日常交谈的语速不相上下。

在项目融资路演过程中，适当的停顿是调整语速常用的方式，我们常会使用在一个单词或是短语的前后停顿的方式来突出其重要性。同时，停顿给了观众时间来思考你所讲的东西。它制造悬念，引起观众的兴趣。此外，停顿可以清晰地阐明观点、短语和句子间的关系，就相当于口语中的标点符号，用来代替书面语中的逗号、句号、下画线、感叹号等一系列符号。所以在项目路演中，你需要仔细地审阅自己的讲解内容，从而找到自己想强调的内容信息，在路演时通过设问等方式来制造停顿，以吸引人们的注意力。

有经验的路演者常会在讲解时加入自问自答的方式来稍事停顿，譬如："那让我们来看看，这个市场的用户痛点到底是什么呢？""大家一定想知道，这个市场的潜力到底有多大呢？""说了这么多，到底我们怎么来实现盈利呢？"等等。

有经验的演讲者都知道怎样利用停顿来最大限度地突出自己路演内容的重要性。停顿是一种说话的艺术，恰到好处的停顿对于一次成功路演具有重要意义——它能促使人们对主题进行深入的关注和思考,使路演者的信息更加有效而巧妙地得到传达。

我们这里需要区别为调整语速的停顿与路演台上的"沉默"。虽然停顿在项目路演中会有很大帮助,但是错误地使用沉默则会影响信息的传达。我们应该意识到,这两者存在本质的差别,停顿是为了吸引注意力而有意为之,而犹犹豫豫则是疑惑、不确定和缺乏准备的表现。另外,一些路演者习惯性地,甚至是完全无意识地使用"呃""嗯""好吧""你知道的"来填补停顿的空白。在路演者思索接下来该讲什么内容时,这些口语填充词可以避免沉默的尴尬,但是它们又有可能是路演者紧张的表现,让观众觉得路演者对自己或是要讲的材料缺乏信心。通常情况下,只要意识到这些口头语的存在,你就能很好地控制它们。只要经过不断地练习,熟悉内容,最终你一定能流畅地表达出自己的观点。

音 量

在进行项目路演时,声音大小会影响观众的听讲效果。如果观众听不到你说话,你的路演就不可能有效;如果你的声音太大以至于观众无法忍受,你的路演也不可能让人喜欢。路演者音调的高低变化,会影响观众听讲的舒适度。音量的高低起伏应配合演讲的内容。呼吁、号召时自然提高音量,加重语气。如果路演中一直使用较高的音量或较重的语气,则无法突出重点,反而给人以嘈杂、夸张的感觉。

当站在舞台上路演时,人们的声音通常会比平时大一些。当然,路演者还需要注意根据房间的大小、有无话筒、背景噪声的大小进行调整。为了调整音量,你可以从观众的反馈中找到提示:如果你的音量不够大,你可能会看到观众向前倾,竭力去倾听你的讲话;如果你的音量太大,观众可能会无意识地后仰,免受噪声的干扰。

人们说话时的音量与个人的呼吸有关。如果你呼吸的节奏不恰当，就没有足够的力气发出能让整个会场后面的人都听到的声音。呼吸节奏不当也可能使你说完一个短语或者到达一个合适的停顿点之前就已经用完了力气。

为了更好地了解自己的音量状态，你可以进行以下练习：首先以温柔的音量从1数到5，犹如在和一个人说话，然后以中等音量数到5，好像面对10—15人说话，最后好像面对30人以上的听众数到5。记录下这个练习发音的过程，你应该能够分辨你的音量的变化程度。在路演舞台上，你可以通过想象正在面对百人以上的观众演讲来提高自己的音量。

改变音量通常也是为了传达感情，我们想表达兴奋或气愤的激动感情时往往音量会变大。但是别让自己陷入只有两种选择的困境：大声和更大声。在舞台上，通过降低音量、放慢语速、停顿或降低音调也可以有效地传达情感。

总之，声音多元化的重要性在路演中的表现尤其明显。只在一个调上乏味地作着演讲的人，他们的音调、音速或音量从无改变，这清楚地向我们传达了一条信息：他们对自己的主题或者观众毫无兴趣，或者有些怯场。而抑扬顿挫的声音则可以为你的路演增添光彩，赋予你的路演以生命。最好的培养办法就是大声地有感情地朗读，以使自己熟悉内容，同时通过充沛的感情来表达自己。

当然，声音表达还有一些问题，如说话含糊不清、带有观众并不熟悉的口音等，当你路演时发出奇怪的声音时，观众的注意力就会转移到你的说话方式而非你想告诉他们的内容上面来。登上路演的舞台之前，你最好能对路演内容进行字斟句酌的严格训练，以便把自己的声音特质在音调、语速以及音量方面调整到不影响你传递信息准确度和清晰度的理想水平。

肢体语言

肢体语言又称身体语言，是指用身体的各种动作代替语言达到表情达意的沟通目的。广义言之，肢体语言也包括面部表情；狭义而言，肢体语言只包括身体与四肢所表达的意义。日常生活中，我们理解很多肢体语言所表达的情绪，如鼓掌表示兴奋，顿足表示生气，搓手表示焦虑，垂头表示沮丧，摊手表示无奈，捶胸表示痛苦。

肢体语言是在人的一举手一投足之间展示出来的，当人们用肢体动作表达情绪时，当事人经常并不自知。譬如，在进行项目路演时，路演者挠头，手不停地在空中划动，眼睛盯着地板来回踱步等，这些不经意的动作，台下观众都看在眼里。虽然台上路演者的内容讲解还在正常继续，但台下观众却已经感觉到了路演者紧张和焦虑的心情。

马特·埃利斯曼（Matt Eversmann）在1993年带领军队在索马里摩加迪沙作战，这场战役被写成小说并拍成了同名电影《黑鹰坠落》。他认为领导的肢体语言很重要。原因在于："卓越的领导者拥有自信的气场，下属需要跟随一个不管周围发生什么都能像大树那样坚韧扎实的人。因而你需要传递一种感觉，即无论外界怎样变化，你永远都能掌控局面，哪怕你一时间拿不出解决方案……如果你始终如一、勇往直前、意志坚定，自信的气场自然会出现。"世界上具有领袖气质的商务人士都善于运用肢体语言，表现出一种掌控局面气场，展现出他们的自信、能力和魅力。在进行项目融资路演中，你在介绍自己的项目团队实力和运营模式时，虽然非常期望台下观众理解项目的价值，但如果你声音颤抖，同时，手在腰间小幅划动，这些信号都显示了你的不自信或不确定。

这里主要介绍两种重要的肢体语言，即手势和体态。

手 势

任何一个手势都是一种交流。我们这里所说的手势是指手臂的姿势。它指的是人在运用手臂时，所出现的具体动作与体位。在项目路演中，我们主要观察路演者的手势范围、手势方向、手势幅度以及手势形状。

芝加哥大学的戴维·麦克尼尔（David McNeil）博士因其在手势领域所作的详尽研究而闻名。他发现：受过训练、作风严谨、满怀信心的思想家善于运用手势来清晰地表达思想，手势自然流畅，而非机械刻板。

我们曾经做过一项研究，分析了一组MBA案例大赛中的第一名（绩优组）与最后一名（绩差组）之间在舞台展示方面的手势表现差异，从而识别出展示者表现好和不好的手势特征，具体可见表7-1。

表7-1　舞台展示时手势特征表现优劣差异对照

手势特征	绩优组	绩差组
手势范围	肩部以上的上区手势（积极态度）与腹部以上的中区手势（客观中肯）相结合，应用得恰到好处	手势在腹部以下，并且极为拘谨
手势方向	手势的方向恰到好处，或向上或向前或向两侧，意义丰富且能够准确配合情感的表达	手势方向很单一，都朝向幻灯片，或者两侧
手势幅度	手势幅度恰到好处，或大或小，能够准确地配合感情的表达	手势幅度都非常小，看不出所表达的情感；或者手势幅度太过夸张
手势形状	食指点、拇指翘、五指合拢、手掌平升等多种形状与演讲内容准确配合，不拘谨，表现丰富有力	频繁地做同一个手势，或者手势杂乱无章

由此我们知道，进行项目路演时，你应当注意自己的手势动作，尽量让自己的手势范围在腹部以上，向下不能低于肚脐，左右不超过手臂向两侧

伸展的末端，向后不超过目力所及的范围；千万不要让自己的手不自主地在腹部以下拘谨地划动。在手势方向上，应该尽量使自己的手势呈现或向上或向前或向两侧的方向，使其意义丰富且能够准确配合情感的表达，而要避免那种手势方向单一的拘谨表现。在手势幅度上，应该是恰到好处，能够准确地配合感情的表达；而不要幅度太小或太过夸张。在手势形状上，你应该锻炼自己食指点、拇指翘、五指合拢、手掌平升等多种形状与演讲内容准确配合，不拘谨，表现丰富有力；而不要频繁地做同一个手势动作，或者手不加控制地乱晃。

体 态

体态，顾名思义，就是指人们站立的姿态。在路演舞台上的站立姿态是否大方舒展，体现着路演者的精神面貌，从而影响台下观众对路演者的自信心、对项目的热衷程度以及执着精神的基本判断。

对于一场8分钟的项目融资路演，大部分人都会注意自己的舞台形象。但体态有时是一种不自觉的表现，这与个体的习惯站姿以及日常公众形象有关。譬如，有人习惯于站立时肩膀歪斜着，而有人则喜欢站立时岔开双腿，还有人站立时弯腰驼背等，这些有时会无意间被带到路演舞台上。

好的路演者与不好的路演者在体态方面存在差异，所以，我们倡导的站姿是身躯端正，重心垂直，脚平稳，头平抬，让观众感到路演者体态平稳且大方得体，亲切自然。

正如彼得·迈尔斯在《高效演讲》中所提醒大家的一样，假如你的肢体语言与你的信息不相配，则你的听众将会本能地不相信你所说的话。如果你说自己的项目很有前景，你对此很有信心，但当你说这些话时，身体缩成一团，双手不停紧搓，这些紧张和退缩的举止会被观众理解为你缺乏信心，于是人们就很难相信你所说的话，所以，你应该用舒展的体态来表现自己对项目的信心和决心。

面部表情

　　面部表情是指通过眼部肌肉、颜面肌肉和口部肌肉的变化来表现各种情绪状态。面部表情可以分为八类：兴奋，高兴，惊讶，痛苦，恐惧，害羞，厌恶，愤怒。

　　在项目融资路演舞台上，大多数路演者的面部表情是热情洋溢的，因为他们在讲着他们专注投入的事业。但也有人在讲解过程中，面部呆滞无表情；还有人眉头紧锁，愁眉苦脸；甚至有人微闭着双眼，显出一副玩世不恭的鄙夷神情。由于项目融资路演是一种说服式的演讲，其目的是让投资人看到项目的潜在价值，对于投资人来说，对于准备投入百万甚或上亿元的项目，他们非常在意项目代表——路演者个人的情况，譬如，路演者的可信度、信心、事业心、人品等，所以路演是一个非常关键的印象形成过程，就如同男女双方相亲时的第一次见面，如果不能给对方形成良好的第一印象，想进一步深交就非常困难。路演过程也是一个道理，如果路演者表现得萎靡不振，或惊慌失措，或盛气凌人，台下的投资人对其产生强烈反感，无论你的项目多么有价值，彼此进一步合作的机会可能就此终止了。如果路演者没有意识到自己的面部表情使传递的信息失真而影响了项目路演的效果，那真是非常可惜的事。人们已经总结出许多关于人际沟通中面部表情所传达信息的规律，我们在准备项目路演时需要了解这些规律。

　　人们常说眼睛是心灵的窗口，面部表情中眼睛无疑是路演者与台下观众交流的重要维度。根据前期的研究，我们从面部表情、眼神接触、视角、视野、目光等方面识别出展示者表现好和不好的面部表情特征的差异，具体可见表7-2。

表7-2 舞台展示者面部表情特征优劣差异对照

面部表情特征	绩优组	绩差组
眼神接触	每分钟注视10次以上，持续时间不少于4秒，具体时间根据观众变化	演讲过程中从未有目光接触
视角	可以配合演讲的内容灵活变换视角，演讲中点视与直视交替使用，实眼与虚眼相结合	瞟视或者斜视，对观众有敬畏之意
视野	在台上能环视全场，从左到右，从前到后，可以让全场观众都感觉到主讲人与之进行目光接触	长期注视讲稿或幻灯片，视野范围为一两位观众
目光	目光坚定，双目传神	目光躲闪，双眼无神
总体特征	面部表情非常丰富，显得友善、信心十足并且热情洋溢	面部表情呆板、僵硬

从表中我们可以看到，绩优展示者的面部表情具有以下特征。在眼神接触方面，绩优展示者会不时地注视观众，以与其保持眼神交流。研究发现目光交流意味着诚实、守信、真诚和信心。避免目光的接触则意味着缺乏信心和领导能力。在视角方面，展示者可以配合演讲的内容灵活变换视角，演讲中点视与直视交替使用，实眼与虚眼相结合。在视野方面，展示者在台上能环视全场，从左到右，从前到后，可以让全场观众都感觉到展示者与之进行目光接触。在目光方面，展示者能够做到目光坚定，双目传神。

总而言之，路演者在舞台上应该保持面部表情丰富，表现出友善、信心十足和热情洋溢的精神面貌；在路演时要不断地与台下观众进行友好的目光接触。这里特别提醒，在开场白、结束语、阐述最为生动的观点或是表明最为关键的立场时，请一定要保持与观众的目光接触，并尽量让自己的视线覆盖到全场的每一个角落。

外观特征

一般外观特征，即是指一个人的衣着打扮、形体和形态、肤色和发型等外观物理特征。我们这里所说的外观特征不是指一个人长得如何，或穿着如何，我们主要指项目路演者在舞台上通过梳妆打扮而给人留下的一些初步印象，也就是路演者在台上8分钟里，观众可能会通过其外观来形成对其人品、精神追求、事业心、可信赖程度等的基本判断。

威廉·索尔比（William Thourlby）认为人的一般外观能传达至少十种类型的信息给别人，它们包括经济水平、经济背景、教育水平、社会背景、诚信、社会地位、成功的程度和品德等。在路演的舞台上，路演者必须扮演好自己的角色，你的面貌、举止、动作和态度都很重要。观众会以自己独特的视角，通过你的外观特征来判断你的内在素质。

在项目路演的舞台上，有的路演者穿着医生的白大褂登台，因为他做的是一个医学大数据平台项目；有路演者穿着运动短装、带着运动帽登台，因为她做的是一个健身APP的项目；有路演者穿着类似于"乔布斯式"的套头衫登台，因为他做的是一个面向小微企业的互联网金融项目，而他的雄心壮志是想做金融领域的"滴滴或Uber"，等等。这些非正式的着装打扮没有影响观众对其项目的认识和理解，反而更强化了人们对此创业者的鲜明个性的感知和认同。

路演者的外观特征也许并不是项目融资路演价值的关键判断要素，它只体现着路演者独特的个人品位和风格差异而已，但它对项目价值陈述可以起到助益作用。我们看到有些路演者着装打扮精致，但项目说得逻辑漏洞百出，那么路演者再精致的装扮也不会为路演效果增分；而也有些路演者穿着一身简洁的职业正装，但形象大方自然，项目讲得令人赏心悦目，最终受到众人追捧。

其实说到底，外观特征在路演舞台上是人的精神风貌和个人风格的展示。你的形象端庄积极，着装干净整洁、举止落落大方，都是通过你的外观特征配合着你的言谈举止体现出来的，这些都是给人留下良好印象的前提。这与路演者的自我身份认同有很大关系，当路演者比较正统或初出茅庐时，他会更加慎重，因而愿意着传统正装；而当路演者比较有底气时，他更加愿意表现自我的个性化风格。我们在观察乔布斯的所有商务演讲视频素材时发现，他在最初的时候也是西服革履的，在1987年关于Macintosh的展示大会上，还专门打着领结（图7-1）。但后期随着他名声大振，他开始形成"乔布斯式"套头衫、牛仔裤和运动鞋的固定着装（图7-2）。

图 7-1　乔布斯在展示 Macintosh 机器 (1987)　　图 7-2　乔布斯着休闲装展示其 iPad (2010)

这里需要注意的是，路演者一定要防范那些有损于路演正面、积极形象的外观特征的出现，也就是一些不小心而呈现出的瑕疵。譬如，在项目融资路演中，一些路演者没有注意自己的衬衣领子没有翻整齐，或者胸牌戴反了，或者代表证的带子歪斜着，等等。这些疏漏，路演者在台上更没有可能会留意到，从而在整个展示时间里，路演者都暴露着这个不和谐的地方在场上走来走去，这将会影响观众对路演者做事风格的基本判断。特别是当路演者在讲解时出现不恰当的说辞时，人们更容易与这个外观瑕疵相联系而形成对项目以及对路演者的不良印象。外观特征的瑕疵在项目路演中属于减分项，它需要路演者在登台前就整装待发，做好自我形象的调适准备，从而消除和避免这类不必要的问题出现。

辅助道具

在进行项目路演时，合理运用演讲展示辅助工具，也可以有效地帮助你表情达意。所谓展示辅助工具是指在声音表达之外，提供另一种沟通表达渠道的物件或实体。根据展示具体情境与内容的不同，演讲展示辅助工具能帮助你更加有效地表达与沟通所想阐述的信息。

一般来说，辅助工具大多是指所呈现的视觉化的图像，如静态照片或图画，也可根据不同的需求，加上辅助的听觉（仅仅播放音频）或是视听素材。同样，根据不同的路演内容和需求，辅助工具可以是非连续性的（例如，独立的图片插件）或连续性的（例如，小视频）。这就意味着，辅助工具可以是互不相关、各自独立的。我们可以针对不同的目的，通过不同媒介来展现（非连续性的）；也可以是运用同一技术将相似的条目按顺序整合起来，例如播放提前录制好的小视频（连续性的）。

在《魏斯曼演讲圣经》一书中，作者魏斯曼把视觉化的演讲展示辅助工具分为以下三种。

◇ **直接展示物件或复制品**

如果路演时把产品直接带上现场，这种直观的展示一定会起到很好的震撼作用。特别是当产品的功能优势需要很复杂的解释时，如果单纯用语言描述，则会是一段长篇大论。这时展示者大可不必赘言，直接使用真实的产品演示，会给观众带来更为直观的效果。如图7-3所示，一个关于Teche全景相机的路演中，路演者把一个全景相机拿到现场展示给观众看，这有利于观众对与众不同的"全景"相机更好地理解。

图7-3 Teche全景相机的路演者把一架全景相机展示给观众

资料来源：http://luyan.chuangye.sina.com.cn/activity/detail/209

当然，如果产品过于庞大或过于微观，不适宜拿到现场，那么用一些缩放比例的实物模型会比较适合。此外，是使用正品还是复制品，这一点也需要路演者进行权衡。例如，在讲解心脏瓣膜构造时，大多数观众还是希望路演者能展示一些塑料模型。

◇ 图像再现

图像再现的形式包括相片、图片、透明胶片、电脑动画以及实况录像等。这些形式在非连续性和连续性辅助中均可顺畅运用。前面我们已提及"一图胜千文"，用辅助的图像来代替语言也是一样的道理。我们可以通过图片或视频来更好地表达一些复杂而抽象的原理。许多拥有技术专利的工业品进行项目路演时，最常使用的方式就是插入实物照片，或直接插播一些小视频来让观众对产品有直观的认识和感受。

◇ **图像符号**

图像符号常与抽象化的概念配合使用，一般包括图形、图表、图示、地图以及重要字词的明细目录。它可以更好地帮助人们理解市场发展趋势、企业成长速度、客户市场份额等概念。

不同的图表或图形适用于表达不同类型的信息，如表7-3所示。

表7-3 不同图表、图示和表格的特点与示例

类型	最佳用途及示例
柱状图	尤为适用于进行数量或频率方面的比较 例如，不同计算机操作系统的用户数量
线条图	显示一段时间内的数据改变趋势，或是某常量如何影响另一常量 例如，某项服务5年间每年新增用户的数量
饼状图	表示局部与整体之间的关系，相对比例或是百分比 例如，每个部门的项目经费
流程图	表示某个过程或是一系列相关的决定或措施 例如，组织中的信息传递流程
表格/网络图	集中展示大量数据（表格），或是将独立元素进行并列对比。 例如，不同产品特点的对比表格

从这里我们可以看到：一般来说，线条图相比于柱状图更适合于展现发展的趋势，而饼状图则比线条图更适合于展示整体中不同部分之间的关系。

注意，如果图表形式使用不当，就有可能引发歧义。譬如，一个路演者用柱状图来表达其产品的市场成长趋势，但观众只是看到每一年的柱体在增高，但具体增高的幅度却不易辨认，如果用折线图或曲线图，会更好地表达市场成长的状况。

第 8 章
路演者临场发挥的状态调整

第8章
路演者临场发挥的状态调整

有些路演者下场后非常后悔："表现太差了，完全没有找到感觉，都不知道在台上自己说了些什么，恍惚间就结束了。"也有些路演者下台后表示自己"表现不佳，完全没有进入状态"。

的确，在项目路演时，路演者需要调整自己的状态。畏惧、麻木、迫切想成功、怯场、过度紧张或无所谓的心理都会影响路演者的临场发挥。这就像所有的运动员在参加比赛时需要热身一样，热身运动就是帮助运动员激活自己，让自己处于最佳的备战状态。项目融资路演，作为一种舞台展示活动，与竞技运动一样，无论在登台前做了多少准备工作，为了在路演舞台上实现最佳表现，路演者都需要让自己"热"起来，进入良好的临场状态。

你有好的项目，你也认真准备了幻灯片和讲稿，但能否将这些内容表现出来让观众感受到，则与你的临场发挥有关系。临场发挥是路演的一个瓶颈。在和谐管理理论所勾勒的项目融资路演系统中，我们把这个视为一个耦合要素，耦合的目的就是把你的语言与非语言表达，即"和则"部分，与你的幻灯片呈现内容与形式，即"谐则"部分，通过调适恰当而有效地表达出来。

内在状态是指当你走到路演舞台聚光灯下的那一刻，你的心理、生理以及情感所达到的状态。这个状态是我们可以进行人为调整和干预的：一个人的内在状态决定了你对很多行为和反应的选择，内在状态既是我们观点的过滤机制，同时又是通往特定记忆、能力、信念的大门。你的内在状态是积极还是消极会对你的路演现场表现产生很大的影响。你不能由于自己身体不适、情绪不佳，或其他事情的干扰，而临时拒绝登台，特别是当路演是你的一项工作，并且需要在多种场合下不断反复地进行路演时，你不能逃避。

"那些芭蕾舞演员旋转三圈，跳到空中再落回舞伴的怀里，她不能在第78次演《天鹅湖》时还认为自己'只是感觉不想跳'，否则她很可能会使自己受伤。"路演活动也一样，参加大赛或向投资人路演，甚或IPO路演，你不可能由于当天的精神状态不佳而不登台。所以把自己调整到最佳临场状态非常关键，否则前期的所有准备都很有可能会功亏一篑。

内在状态是沟通中最重要的部分，也是最容易被人们忽视的一部分。你的状态不仅决定了你的沟通能力，还决定了你引领、连接周围事物以及对你周围发生的事情作出反应的能力。

那么，我们身体和心理的哪些特征会影响到我们的项目路演状态呢？本章，我们将从转变信念、调整身体模式、积极关注和正确释放激情四个方面展开论述，以帮助准备项目融资路演的演讲者来调整好自己的状态。

转变信念

信念是指一个人坚信某种观点的正确性，并支配自己行动的个性倾向。譬如，如果你觉得"自己太内向了，不适合做路演"，你会发现这样一个消极信念会处处得到验证：你不会主动展示自己，你能少说一句就少说一句，在回答评委问题时可能会脸红心跳、不知所云等。但如果你转换成积极信念："我是个内向的人，所以我要把自己细腻的情感表达出来，并且更稳重地谈论我的项目。"你会发现，你在路演时会稳重地表达自己对项目的看法，以及内心的真实感受，这反而更容易打动观众。所以，影响临场表现的可能是你的信念而不是台下的观众。也就是说，当无法改变事实时，我们可以选择自己对这个事情的看法，即信念。

细胞生物学家布鲁斯·利普顿博士在他的获奖图书《信念的力量》一书中说："你的信念就像照相机的镜头过滤器，你如何看待这个世界会因之而改变，你的身体会适应那些信念。当我们真正认识到自己的信念的强大力量时，我们就拿到了通向自由大门的钥匙。尽管我们无法改变自身的基因蓝图编码，但我们能够改变自己的想法。"你无法控制身边发生的事情，但是你可以控制自己的信念，而且，控制信念会改变你的身体状态。

理查德·班德勒（Richard Bandler）和约翰·葛瑞德（John Grinder）开创的身心语言程序学（Neuro Linguistic Programming, NLP）的基本前提之一是：人类的大脑功能与计算机类似——执行有序的指令或者内在表象组成的"程序"。某些程序会在完成特定任务方面表现更优，个体所启动的"程序"会在很大程度上决定你的表现是普通还是优秀的。因为通过生理机制，你的信念将会决定你的情感状态。彼得·迈尔斯举了一个例子：如果你闭上双眼，想象咬一口柠檬，你就会流口水。这说明：不管事情有没有真正发生，大脑都会发出同样的信号，并且会产生同样的生理反应。

你的信念决定了你如何理解身边发生的事情。事实是发生的事情，信念是我们根据这些事实所讲述的故事。用一套事实，在不同的信念引导下，你可以讲述许多不同的故事。例如，如果你认为自己太稚嫩、太老、太年轻，或认为自己是个女人、男人、内向的人等，那么对你而言，那将会成为事实。没有表面的"技巧"能让你像用化妆品一样敷在脸上去掩盖你的焦虑。因为恐惧的核心源头仍然存在，那个核心源头是由于你的消极信念而形成的。

我们常把信念分为两种不同的类型：一种是推动你前进的积极信念，另一种是阻碍你的消极信念。例如，积极的信念是"项目路演是一次展示自己项目的机会"；而消极信念是"项目路演是折磨人的"。

从表8-1中我们可以看到，对于同一个事件会有积极信念和消极信念两种信念，而不同的信念会使我们接下来的表现大不相同。对于项目路演这件事情，在消极信念下你会很沮丧，而在积极信念下，你会勇敢地去努力尝试。所以，在特定的情境下，我们要尽量选择那些推动我们前进而不是阻碍我们行动的信念。

表8-1 路演中的消极信念和积极信念示例

消极信念	积极信念
"我内向，不爱我说话，不适合做路演。"	"我内向话少，所以可以表达得更稳重和精要。"
"我害怕在公开场合说话，怕说错了别人笑话。"	"虽然我会在公开场合害羞，但这个项目很好，我们必须让别人知道。"
"因为我太老了，他们不会在意我说的话。"	"因为我是一个成熟的人，对于这个主题十分了解，这给了我一个体现价值的机会。"

信念是可以由我们的主观意志来建构的，作为人类，我们有独特的能力创造性地架构与我们的意图相一致的信念。我们可以通过改善对问题情境的框定、增强信心来中止、检验并且重塑我们的信念，把它变得更积极以推动我们的工作。可以说，我们真正的信心是在阻碍我们前进的消极信念向驱使我们前进的积极信念的转变过程中产生的。

信念对项目融资路演来说很重要，那么，我们如何来培育对于项目融资路演的积极信念呢？罗伯特·迪尔茨（Robert Dilts）就提出通过语言转变信念的换框模式。这就好比照像时摄影师取景一样，变换不同的角度，可能得到不一样的图片效果。当我们存在消极信念时，我们可以通过识别消极信念背后的正面意图以及它的前提假设，并提供替代选择和"如何/怎样"问题的新的答案，来把消极信念转换为积极信念。

以下我们以一个消极信念"我害怕在大众面前进行路演"为例，来展示如何将消极信念转换为积极信念。

第一步，开启信念模式转换的首要任务是你必须确定你"想要的结果是什么"。这是让你自己先明确这个项目融资路演对你来说的重要程度。你对设定的目标越坚定，这个消极信念被转化的可能性就越大。如果你设定的目标不再局限于个人展示而是找到投资人，目标引导的魔力效应就会出现。这时要有所作为的愿望比受到恐惧备受煎熬的念头更能使你兴奋。远大的理想强于内心的恐惧，它是带领你克服恐惧的强大驱动力。

第二步，请你识别阻碍你的信念。想象你正站在一座舞台上，面对一群听众，你的演讲达到了最佳状态，如果现实情境不是这样，你就要反思一下：是什么阻止了你实现这样的目标？你认为自己不够聪明、不够年轻吗？你认为自己的身高和气质有问题吗？你害怕当众出丑被别人笑话，不愿意丢人显眼吗？你需要记录，你大脑里占据最大空间的消极信念，譬如"我害怕在大众面前进行路演"。

第三步，分析一下这个消极信念潜在的"正面意图"是什么。对于前一步所捕获的消极信念陈述，这里可以用"我……，是因为……"句式来分析其真正的正面意图到底是什么。譬如，"我害怕在大众面前进行路演，是因为我怕自己说的东西，被别人笑话。"

第四步，针对正面意图，来提供替代选择或提出"如何/怎样"的问题。关于上面的消极信念中的正面意图，我们应该用"要想做好本次路演，我应该……"的句式来表达；譬如，上例中，我们带着"如何/怎样"的问题来思考，"我应该本着分享的原则，让更多人知道我们的项目是做什么的"。正如彼得·迈尔斯强调的："带上正确的意图，你可以将任何事情都变成给予别人礼物的机会，与别人分享你的思考和经验。你不必是完美的，给予礼物的意图胜过对完美演讲过程的追求。"的确，说对每句话当然好，但是路演中出点问题或犯点错误也没什么大碍，因为萦绕在听众脑海里的是对你路演的整个体验。

第五步，更新自己，形成积极信念。在强烈的目标驱动下，正视自己消极信念背后的正面意图，并针对在正面意图下提出的解决问题的思路，重新树立积极的信念。譬如，针对上例：把消极信念下的"我害怕在大众面前进行路演"，转换为积极信念下的"我要充分挖掘项目的价值，以便路演时更好地与观众分享，更希望能通过介绍得到一些宝贵的改进建议"。

第六步，寻求外在的支持性反馈来巩固所形成的积极信念。当我们转换自己的消极信念为积极信念后，我们还需要一些强化过程。如果你自己有强大的定力，你就可以独立完成强化，但大多数情况下，我们需要来自身边的重要他人的反馈，这是进一步明确和强化自己信念的关键步骤。所以，找到你的好朋友或导师来表达你的信念，你若能从他们那里得到支持和肯定，你的积极信念就会经由社会支持性强化而得以巩固下来。

调整身体模式

调整信念可以影响行为，这反映出心理可以引导我们的行为方式，那么反过来，我们的行为或身体模式又如何影响我们的心理状态进而影响我们的项目融资路演效果呢？也就是说，一个在路演前比较紧张的路演者，是否可以通过调整其身体模式来放松自己呢？答案是肯定的。如果在高压状态下，你任由自己的身体决定情绪，那么你的身体将会处于糟糕的状态，出现一系列压力表现，例如，脸部肌肉开始打战，腿开始发抖，手臂做动作只是在腰间划动而打不开，双手不住地搓动，等等，这些身体姿态和动作会使你持续紧张,直至搞砸你的路演。

其实,我们的身体和心理是相通的。例如,当我们在比赛中获胜时,我们的声音、体态和面部表情都会表现出喜悦。约翰·H.雷斯金德(John H. Riskind)等人研究发现:我们人类的身体姿势对自身的动机和情绪也具有调控和反馈作用,也就是说,人的不同身体模式可以产生不同的情绪。如果你想掌握影响自己感觉的方法,你需要了解这些模式。它们就像是你进入某些特定情绪通路的杠杆,你可以通过运用这些杠杆的不同组合来调整你的状态。

也许你不相信通过改变身体模式可以改变自己的情绪,那就让我们来做个小实验:请你做两组动作,一组是做一些开放性的动作,正如8-1所示,双手伸展上举,腰身舒展,嘴角上扬微笑,保持两分钟。另一组就像图8-2所示,你坐在椅子上,咬着嘴唇,让身体呈凹形,肩膀耷拉下来,眼睛盯着地板,双手紧握,保持这种状态两分钟。你分别会有什么样的感觉呢?

图8-1 胜利自信的姿式

图8-2 蜷缩不自信的姿式

当我们有胜利之感时,会双臂上举,眼睛上抬,脑袋上扬,面露微笑,还上下跳跃。东西方文化中人们在胜利时都会做出这样的举动,你若要制造胜利感,只要做出这些动作,感觉就有了。

哈佛大学的艾米·库迪(Amy Cuddy)研究了肢体语言对我们情绪的影响,在其TED演讲"肢体语言塑造你自己"中,她和同事做了一个实验:先提取被试者的唾液,然后提供两组动作,即开放有力的姿态和自我保护的无力姿态,让被试者任做一个动作,保持两分钟后,问被试者"你感觉自己多有力量?"再让被试者选择是否愿意参加一场赌博,最后再提取一次被试者的唾液。研究发现,做不同动作的被试者的可的松①水平发生改变,有力组可的松下降25%,而无力组可的松上升15%,即两分钟的有力动作或无力动作,使得人们体内影响紧张压力的可的松水平发生了变化,这证明了采用不同的肢体语言的确能影响到我们的内在状态。艾米通过这项研究告诉我们一个道理:我们的肢体语言掌控着我们的想法和感受。这一研究对于我们项目融资路演的启示在于:若想做好路演,我们完全可以通过调整自己的身体模式来调整自己的路演状态。也就是说,路演者可以通过调整自己的面部笑容、身体姿态、呼吸方式、动作模式来让自己充满力量、增强信心。

不同的身体模式会带来不一样的情绪体验,这一点许多专业演员都知道,他们会在演出前通过身体模式的调整来调整好自己的情绪。在二十多年的时间里,彼得·迈尔斯采访了许多顶尖的运动员、武术家、影视演员、芭蕾舞演员以及模特,无一例外,他们都承认需要运用一些表演准备模式。例如,一位顶尖的模特必须在面对镜头时展现出魅力(即使她昨天晚上去参加聚会,直到凌晨4点才回家),她可能会深呼吸一下,轻抚一下头发或舔舔嘴唇,这些动作就是她动用自己身体的准备模式。许多电影演员,在重要的试演之前,经常会上下跳跃并且像个疯子那样大笑,他们之所以这样做是因为这些行为可以在瞬间给他们带来快乐和信心。大脑研究表明,这些

---

① 可的松:肾上腺皮质激素的一种。

动作会在大脑中产生更多血清素，在眼睛和脸上产生的亮光会令他们增强信心。

这里关键是要看你想体验什么样的情绪？譬如，当你表现出开朗、热情时，你的内心也会感受到一种透亮而喜悦的情绪。如果你的动作和呼吸表现出来的是自信、热情以及决心，大脑会将那这动作与相应的情绪联系起来，产生与之相对应的化学反应。

不同的身体模式会产生不同的情绪。建立信心最快速的方法就是改变对待身体的方式，一旦你知道了应当如何移动、呼吸、站立以及微笑来制造快乐、自信、慷慨的情绪，你就能通过改变自己身体、呼吸和脸部的模式制造出所需要的情绪。如果你将要踏上舞台开始项目路演，你可以尝试彼得·迈尔斯等人所提出的以下方法。

姿势：抬头挺胸，就像有一根绳子向上拉着你一样。

呼吸：做长长的、缓慢的深呼吸，让腹腔里充满空气。

面部：找个理由，让自己面带微笑，扬起眉毛，睁大眼睛。

走动：在房间里走一走，你感到自信、强大的时候是怎么走路的，现在就怎么走。

手势：当你想分享一些事情的时候，你是如何运用自己的双臂和双手的，你就这么做。例如，敞开胸膛张开双臂，让双手高过你的头，让灿烂的笑容呈现在你脸上，就像你获得了胜利一样。

我们可以将这种身体模式视为持续刺激大脑产生积极情绪反应的生理触动器。这里需要提醒的是：肢体语言影响内心状态的关系建构是需要外在的积极强化的。正如图8-3所示，这种自我调整不是只在正式登台前做，而是要在前期不断演练，一遍遍反复尝试，并给自己积极的暗示。如果对内容熟悉，你的演练效果越来越好，你的大脑就会巩固你这种肢体模式与内心状态之间的联系，进而转化为你在路演时的良好发挥。只有真实路演效果的不断提升才是现实的强化物，它会促成并固化身体模式与内心体验之间良性循环的生成。

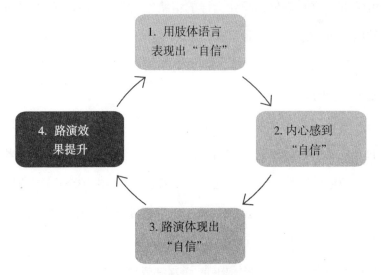

图8-3 肢体语言影响内在心理状态的良性循环

积极关注而非消极关注

除了身体模式影响路演状态的方式，还有没有其他决定感觉方式的因素呢？你是否听说过心理学中的一个名词叫"选择性注意"？它是指人们不会对作用于感观的所有刺激进行全面的信息加工，而只会选择性地对某些信息予以特别关注，从而形成我们的认知。所以，在日常生活中，只有当你关注某些事物的时候，你才会对它有感觉。在某一个特定的时刻，你的身边有无数可以选择关注的事物，但只有你选择要关注的事情决定了你是如何感觉的。在你出场前的10分钟，你不能让自己选择注意一些消极的观念，譬如你

第8章
路演者临场发挥的状态调整

不能问自己"假如跌倒是否会太尴尬了?"你必须将你的注意力转向促进你良好发挥的事物,并且尽量向自己提一些能使自己临场兴奋起来的问题。

在准备项目融资路演时,你关注了哪些事物呢?现在,想想即将来临的项目融资路演,你可以试着拿出一张纸,在上面写出自己担心和紧张的原因。大多数人在此情况下都会顾虑"我怯场怎么办?""我会忘记要说什么吗?""我会知道答案吗?"以及"他们会发现我不如他们想象的那么聪明吗?"等这样的问题,因为在我们身体的默认设置下,大脑将主要基于恐惧选择它所关注的东西。因为在自认为高危的形势下,由于"杏仁体劫持"[①],人们倾向于防范风险以及避免失败。远古人类生来倾向于搜寻风险,并逃避周围潜在的危险,以便更好地生存下来,这可能源于远古人类的生存本能。但是,这类对于风险的警戒只会让你倾向于防范不好的事物,但它却不会告诉你如何会更好。并且,它把你的注意力更多地集中于自己的"不足之处"或面临的"潜在问题",这会使你更加紧张和不自信,这对于项目路演临场发挥来说并不是一件好事情。

大多数人面对观众时,自发的提问会导致他们更多地关注恐惧而不是结果,这无疑是典型的消极倾向的选择性注意。例如,准备入场时,你忽然想:"他们会向我提一些刁钻的问题吗?"这就把你的注意力导向消极一面。这时大脑主要倾向于搜索负面答案,它会回答:"是的。"你立刻变得紧张起来,惶恐不安,手心开始出汗。"你准备充分了吗?"大脑搜索的负面答案是"没有!"现在你已经不知所措了,在默认的消极模式下,你皱着眉头,走来走去,呼吸短促。"他们会喜欢我吗?"大脑说:"不一定呀!"你由此进入"杏仁体劫持"状态。

还有一种情况是,即使你能把所识别的问题都解决了,如消除紧张、整

---

① 人类大脑中的杏仁体是人类预警系统的一部分,当有几十双眼睛盯着你时,肾上腺素开始分必,血液本能流向四肢,大脑一片空白,这就是被称为"杏仁体支持"。

理好领带、防止绊倒等，但它们却不一定会提升你最终的路演效果，因为这些都不是决定路演最终有效性的要素。你把选择性注意放在"问题"上，这种关注只能使自己疲于处理所识别的问题，而不是把精力放在路演效果上，这种导向会让你陷于一种完全被动的应对状态。你需要不停地披荆斩棘，砍掉前进道路上的阻碍，而这些路障却并不一定是你要成功到达目的地的关键，所以你在疲于应对问题时所花费的精力和时间可能都付之流水，这样你依然在提升路演效果上没有改进，这会令你更加被动。

那么，如何解决呢？答案是，改变你自己选择性注意的方向，通过提出不同的问题，使我们的大脑关注于积极问题的解决，而不是问题本身。

例如，在准备项目路演时，你可以向自己提出这样的问题"这次机会对我们来说特别难得的原因在于什么？"这个问题是带有预设前提的问题。前提是关于事件的一个隐含假定——这次机会特别难得，在表述中将假定理所当然地表现了出来。这个问题所包含的前提就是：事实上这次机会蕴藏着一些你原先没有发现的东西。这种具有强大积极预设导向性的问题会驱动你的大脑想出应对它的答案，进而这一选择性注意能使你产生一种异常兴奋而非恐惧的积极认知。

一个好问题的结构是非常具体的，它包含一个推动你想到新的可能性的前提。不是"我会成功吗"而是"我怎样才会成功"，不是"他们会提出难题吗"而是"我怎样才能利用问题环节让他们信任我"。第一种问题是一个消极关注，它往往会得到消极的答案，第二种问题预设了令人兴奋的前提，这属于一个积极关注，这样你的大脑就会搜寻积极正面的答案。

我们应该有意识地回避关注消极的问题，诸如"我会不会搞砸了"，而是选择关注那些积极的问题，即"我如何给投资人介绍这个好项目"，这使得你的项目融资路演不只是为自己的私利，同时也是为投资人带来更好选择的机会。这样，我们就会提出不同的问题："我该如何影响他们？""我能与观众分享哪些东西？""我能提出什么独到的见解？""我如何才能带给他们欢乐、舒适、好奇和兴奋的感觉？"这样，你站在台上时就不会再茫然，你的内心会升起一股巨大的责任感。一旦一个人为了他人而行动，就会表现出不同的品质。关注点的简单改变会召唤出我们带有强大能量的智慧。它会将一直蕴藏于你身体之内，但可能仍处于休眠状态的表达能量释放出来。

总而言之，积极关注是让自己的选择性注意落在有助于改善路演有效性的方面，在路演之前提出合理的问题是调整状态非常有力的方式。准备路演时，我们需要让自己关注以下这些方面。

- ◆ "哪一部分是我们项目的最大优势？"
- ◆ "我如何路演才能送给他们一份好礼物？"
- ◆ "这次活动最激动人心的是哪一部分？"
- ◆ "我最热衷于传达哪些信息？"
- ◆ "这次演讲最好的是哪一部分？"
- ◆ "能够影响听众的最有力的方法是什么呢？"
- ◆ "我怎样才能最好地启发观众？"

让自己的选择性注意落在这些积极点上，你将会引导自己的大脑在正确的方向上找寻答案。这些自我刻意的控制，会让你有意识地进行自我积极规划，这样你会找到促使你往正确方向前进的答案，而不是阻碍你前进的答案。

正确地释放内心的激情

项目融资路演中的激情有没有用？对于这个问题的答案，我们会听到不同的声音。最早，人们普遍认为，路演是需要激情的，这里有许多支持性的论点,譬如:"如果你对自己提供的服务、产品、公司或事业缺乏应有的热情,那么很遗憾,没有任何经营技巧能够弥补这一点。""我们可以教你如何讲故事、如何设计精美的幻灯片,甚至还可以教你如何调整自己的声音和肢体语言。正如我们所知道的:任何有说服力的演讲必须具备打动人的故事、精美的幻灯片和恰当的肢体语言,不过,只有在演讲者对演讲主题充满热情的前提下,这些要素才能发挥作用。"其实,人们之所以关注激情,首先是由于初期项目所面临的市场、技术、经济和创业者个体的不确定性很大,投资人的投资决策往往是复杂的、无定式的,因而在项目融资路演时,风险投资人通常会依靠直觉去收集尽可能多的信息来评价项目,很显然,这种直觉很重要的一种来源就是倾听创业者的商业计划后评价其在这种情境下展现出的激情。其次,激情被认为是未来成功的重要因素。因为创业活动是一个风险性高,需要花费时间和投入很多资源的活动,为了使创业项目能够取得成功,创业者必须拥有深层次的激情,以确保他们能积极主动,付出必要的努力,克服风险与挑战。而创业者在路演活动中表现出的激情可能会给投资人一种强烈的暗示,即创业者将有很大的可能性会为商业计划的成功投入时间和精力。所以,大家普遍认同的一个观点是:路演者的激情是投资人投资决策的重要影响因素。

但近期一些研究也发现,项目路演中路演者表现出来的激情对投资人的投资意向并没有什么实质性的影响作用,通过非语言方式传达出来的情感激情没有任何作用,也就是说,如果路演者只是在项目路演时表情丰富、富有活力、表现出高度的激情,是根本不能打动投资人的。现实中,在一些大型的路演会场,我们看到一些路演者激情洋溢的演讲并不会受到投资人太多的青睐,人们会说:投资人见过的项目和创业者多了,他们更在意项目自身的价值,并不会被个人的热情所感动来作出投资决策。这种冰冷的"激情无用论"好像也很现实。

针对这种"激情是否有用"的争论，我们专门展开了一项研究。我们以全国第四届创新创业大赛网络视频为样本，以现场评委的打分为依据，利用质性研究的方法，考察路演者表现出来的激情是否影响了投资人的打分。我们研究发现，不是激情没用，而是要表达出合适的激情才有用。

那么激情到底指什么呢，它在路演中又有哪些具体的体现呢？它与项目路演的有效性有怎样实质性的关系呢？从前人的研究结果可以看出，路演中创业者的激情可以通过语言系统和非语言系统来体现：通过语言系统表现出的激情指从路演者演讲内容中传达出的激情，包含在路演者的演讲文稿之中，通过对语义的理解而被投资人感知；通过非语言系统表现出的激情就是指我们通常意义理解的激昂的情绪，可以通过面部表情、身体姿势、声音（音色、音调、音量）、手势及眼神等方面展现出来。

那么，如何在项目路演中释放有益的激情呢？路演中创业者通过语言传达出的激情，可以分为认知激情和行为激情，这两类激情对项目路演效果的影响是不一样的。

具体来看，认知激情指路演者表现出的认知层面的激情，包含对创业项目重要性的认识、对创业项目的热爱、创业活动对于创业者的意义、创业者表现出自我肯定、精心准备并深思熟虑、行动的承诺六个维度，每一个维度又分别包括一些子维度，具体请见表8-2。

表8-2 项目路演中认知激情的类型

认知激情	具体涉及方面
对创业项目重要性的认识	准确指出用户痛点，并强调问题的重要性； 指出现有解决方案的不足； 谋求改变，表现出对解决问题的兴趣； 指出当前背景下推出产品/项目的适时性，急迫性； 明确指出团队优势和项目的匹配性

续表

认知激情	具体涉及方面
对创业项目的热爱	强调创业的目的出于个人兴趣；
	对创业涉及的项目、领域有较长时间的关注；
	谈及产品/项目时表现出情怀；
	有将爱好推而广之的理想
创业活动对于创业者的意义	表现出创业者的身份认同；
	项目对于创业者的意义在于成就自我；
	创业者勇于承担社会责任；
	创业者强调企业的使命
创业者表现出自我肯定	对于创业项目的价值充满信心；
	对已取得的成果感到自豪；
	高度评价团队成员；
	对项目未来发展前景充满希望
精心准备并深思熟虑	演讲内容连贯并富于逻辑性；
	深入了解市场现状和发展前景；
	创业者引用事实来支撑他的观点；
	创业者在表现开明的同时能够坚持自己的观点；
	对于企业未来的发展有清晰的规划
行动的承诺	创业者表现出克服困难的决心；
	坚定实施项目的承诺

　　行为激情指演讲者通过演讲内容反映出的其在行为方面的激情，代表了其在行为方面的投入。包括描述投入时间、金钱等资源，描述已经积累的成果两个维度，具体见表8-3。只有这些激情对投资人对项目的价值评价有助益，才会提升路演的效果。

表8-3　项目路演中行为激情的类型列表

行为激情	具体涉及方面
描述投入时间、金钱等资源	项目计划多年；
	项目运行较长时间；
	专职团队；
	个人、家庭、亲友投入资金；
	资产抵押；
	已经做过大量落地性工作
描述已经积累的成果	产品/APP已研制，已开发上线；
	有一定数量的客户积累；
	取得一定的经营收入；
	已申请专利或拥有独特资源；
	公司发展规模；
	取得一定融资

由此我们看出，并不是你表现出精神上的亢奋就会受到投资人的重视，问题的关键是首先要确定你究竟对什么充满热情。所以，若想让自己表现出激情，最简单的方法就是问自己："什么能让我的心灵歌唱？"想鼓舞观众，先要让自己受到鼓舞。真正的创业激情是"内心深处的火焰"，而不是短暂的冲动。正如怪才马尔科姆·格拉德威尔（Malcolm Gladwell）在他的《异类：不一样的成功启示录》一书中告诉我们：要想获得成功，你就必须去做你内心觉得有趣的事情。从事你挚爱的事业，追随你的核心目标。这种对项目的热爱，会让你在路演中释放出一种具有感染力的激情。

第9章

融资路演实战案例剖析

案例一:"无限衣橱"项目融资路演案例剖析

一、项目简介

无限衣橱专注于中高端场合类服饰分享平台。提供使用三天、租赁价格只有售价1/10,以及北京2小时极速送达的解决方案。拟融资200万元人民币,出让10%股份。

二、路演基本情况

路演标题:无限衣橱——国内最受欢迎的中高端场合类服饰分享平台

路 演 者:创始人

路演PPT:共17张

路演时长:6:45分钟

资料来源:新浪创业(网址链接:http://luyan.chuangye.sina.com.cn/activity/detail/235)

三、项目PPT展示内容和形式分析

1. PPT展示内容分析

该路演PPT一共有17张,除去开始的"介绍"和结尾的"致谢"两张,其余可以大致总结为以下七个模块。

（1）"为什么要做"：项目简介、我的故事、用户痛点（1、2、3[①]）；

（2）"如何做"：解决方案（4）；

（3）"是否值得做"：市场规模、消费者升级现象、我们的客户群、竞争对手（5、6、7、13）；

（4）"谁来做"：团队主要成员（8）；

（5）"发展情况"：我们的进展、体验活动现场、客户晒单（9、10、11、12）；

（6）"融资计划"：融资计划（14）；

（7）"未来发展规划"：发展规划、我们的使命（15、16）。

从这里所罗列的路演PPT结构布局上来看，在展示内容上已涵盖了投资人在听项目融资路演时所关心的大部分内容，但依然存在几个需要进一步优化的问题。

第一，在内容完整性方面，现有路演在结构上缺少对"如何赚钱"和"如何实现"的清晰交代。这是非常重大的失误，因为你不可能让观众来想象和揣摩项目的"盈利模式"。对于一个项目，如果大家不清楚你和你的团队有什么资源和条件来使其具体实现，即没有对于"执行计划"的周密设计，这个项目是很难被投资人所看好的。

第二，在路演展示逻辑顺序方面，我们认为存在如下需要修订的地方。

（1）第2张、第3张、第6张PPT前后顺序值得商榷：一般情况，我们应该先说市场规模是否值得进入，再讲市场竞争格局，最后再介绍自己的解决方案。先在前面铺垫性地介绍市场的现有状况，再来说你的解决方案，这种安排将更便于人们理解你解决方案的独特优势，这样在逻辑上也会更顺畅一些。

[①] 括号中数字代表PPT的页码。

（2）第8张PPT团队成员介绍出现得太早了，一般应该把所有产品、市场、运营等相关内容交代完整之后，在介绍融资计划之前，来介绍一下"我们是谁"，以便让观众形成一个基本印象："这个团队来做这个项目最合适"。除非你的团队里有业界的大伽或领军人物，团队构成是你非常核心的资源优势，提前交代可以给观众形成很有冲击力的印象，但很明显，此项目主要成员是三位有着外企工作背景的年轻人，并不属于"资源独特"的情况，所以放在前面陈述是没有说服力的。

2. PPT展示设计情况分析

第1张：项目名称简介，首页PPT给出项目名称和口号，以及公司Logo（见图9-1）。

内容方面：项目名称起得非常贴合项目宗旨，也很响亮。但项目口号"国内最受欢迎的"值得商榷。因为一个项目"受不受欢迎"不是你一厢情愿的事情，所以自己这样喊出来，会让人觉得有自吹自擂的成分。

形式方面：①PPT中插入了一幅图片，但所选配图不符合主题：现在所用的图大部分为休闲服饰，而不是场合类的晚礼服；②口号所用字号太小，让

图9-1 项目名称简介

观众看着比较费力。按一般原则，在PPT上展示的字号应该不小于20磅。小字号会让观众认为要么是创业者在制作路演PPT时没有注意，疏忽了这个问题，要么就会怀疑创业者的自信心不足而表现得比较拘谨。

建议：开篇首页是给观众留下第一印象的关键点，这些没有精心推敲的细节问题，会给观众留下不精致、粗糙的印象。①去掉带有感情色彩的短语"最受欢迎的"；②挑选礼服类晚会相关的美图；③可使用28磅以上的字号。

第2张："我的故事"，项目选择的是一个故事类的开场，以"我的经历"来说明自己为什么选择做这个项目。如果介绍得当，这是一个可以打动观众的开场形式，但目前来看存在一定问题（见图9-2）。

内容方面：先梳理一下内容，路演者想说明两个问题：一是女人爱美，但购买晚礼服不划算；二是自己愿意帮助别人变美。但其实路演者不必提及自己虚无缥缈的幸福感："在让女人变美的过程中，我获得强烈的幸福感"，你的幸福和项目有什么关系？你想做这个领域与客户有什么关系？想通过这个表达自己的创业热情也是毫无意义的。因为创业过程非常复杂，人们创业不是为了幸福感，换成因为有社会价值而为会更好一些。再来看表达内容的逻辑：路演者举例说明"让女人变美"使自己"有强烈的幸福感"，只提及"邀请造型师为同事们化妆"，而这一事件与本项目主题没有任何关系。若改成"为同事们挑选晚礼服"可能逻辑会更顺畅一些。

形式方面：PPT全部用文字，虽然进行了条目的简化处理，但没有图片的纯文本容易让人感觉枯燥。

建议：这里应该围绕路演者所识别出来的三类痛点问题，来讲自己与之相关的"不愉快的"经历和感受，这样可以更好地为后面提出问题埋下伏笔。

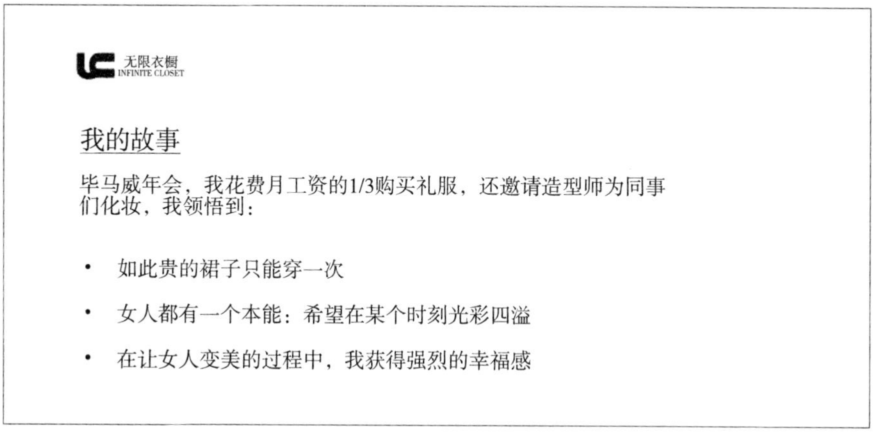

第9章
融资路演实战案例剖析

图9-2 我的故事

第3张："用户痛点"，这张PPT简单明了地总结了用户三个方面的痛点（见图9-3）。

内容方面：其中"不宜重用"，提炼得是否到位，值得商榷：如果参加的场合不同，面对的人群不同，同一件晚礼服当然可以反复使用。

形式方面：这里PPT的设计用三个圈来表达，简洁生动，清晰而重点突出，但字体太小，观众看不清楚内容。

图9-3 用户痛点

建议：①把"不宜重用"改为"使用频率不高"可能更恰当一些；②PPT字号放大到24磅以上。

第4张："解决方案"，这里介绍本项目的运营机制（见图9-4）。

内容方面：表现清晰明确。这里每一个节点都给出非常具体的款项，但不知是如何来实现的？因为这里列举的"北京区域2小时送达""租赁价值是售价的1/10""免费专业干洗"等，会让人产生质疑：你和你的团队有什么资源能保证兑现这些承诺？

形式方面：用图来表达运营的流程十分简洁明快。

建议：对于人们可能产生质疑的地方，应该附加展示一些实现此运营的保障资源或途径。

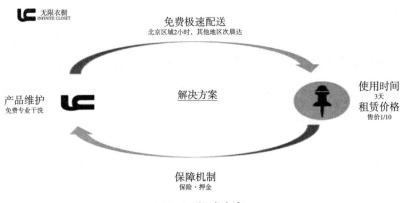

图9-4 解决方案

第5张："市场规模"（见图9-5）。

内容方面：给出对标美国公司的规模，并指出中国中产阶级人口数是美国的4.5倍。但由于中国人的消费习惯与西方有很大的差距，这种对比其实并没有很强的说服力。而且中国服装租赁市场情况如何也不清楚，市场的规模和存量、增长空间等问题没有交代，这样人们就没有办法判断本项目是否有市场，以及是否值得来做。

形式方面：PPT的图文布局简单明快，但选用图片不是礼服装，而是很休闲的装束，与"中高端场合类服饰"的主题不相配。

建议：①给出中国服装租赁市场发展情况的数据；②更换合适的插图。

图9-5　市场规模

第6张："消费升级现象"，本张是对上一张PPT的进一步说明，是想说中国可能与西方相似的地方（见图9-6）。

图9-6　消费升级现象

内容方面：这里绕着弯子试图说明"中国有市场"，但所举的例子：西式婚礼和高校舞会，这些能说明中国的市场需求吗？

形式方面：用举例与感性分析来说明项目的目标市场情况是没有说服力的。另外，图片与内容没有相关性，会让人觉得莫名其妙。

建议：去掉这一张。不要用感性的说明，而要用市场的数据。

第7张："我们的客户群"（见图9-7）。

内容方面：内容太单薄，只是指出年龄范围20—40岁，还应该说明一些其他的特征属性，如社交活跃度、消费模式等。

形式方面：PPT字号太小，看着十分费力还显得小气；选的配图是两对耳环，寓意不明，立意不清。

建议：客户群除年龄之外，还应该有职业、消费档次、生活品位等特色的总结说明。

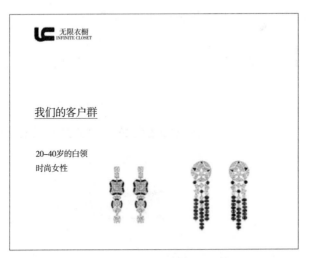

图9-7　我们的客户群

第8张："主要成员"（见图9-8）。

内容方面：合伙人用的是外语名，而自己却是中文名，不知是什么意思？合伙人是外国人吗？若是中国人不列出真实姓名就不合适，是想隐瞒什么吗？另外，三位主要成员的行业相关特色不鲜明，难以回答"凭什么由你们来做"的问题。

形式方面：只有自己的照片，而没有团队其他成员的。且字体太小，看不清楚。

建议：放大图片，浓缩介绍主要成员的相关经历和经验。

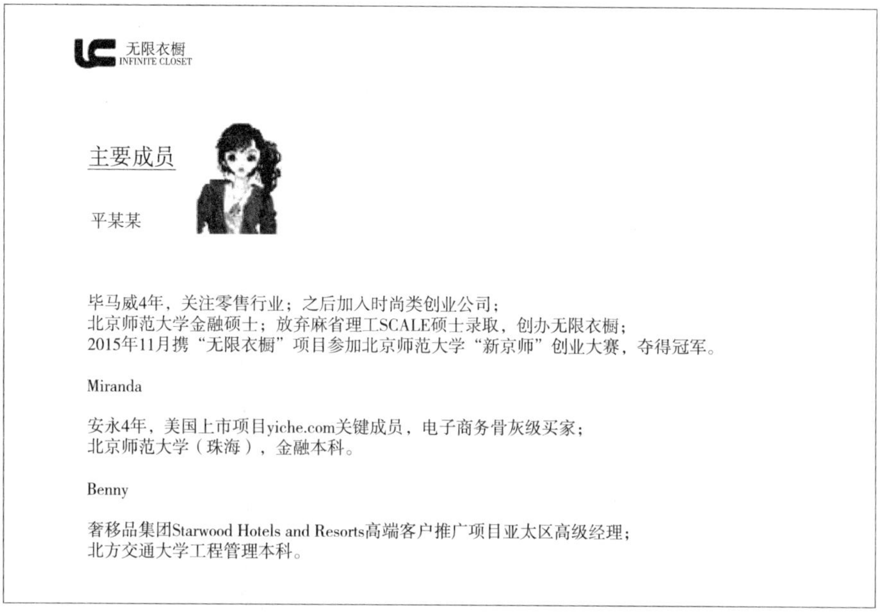

图9-8　主要团队成员

第9张："我们的进展"，这里介绍项目的运营情况（见图9-9）。

内容方面：介绍了一些利好数据，但关键客户数量信息缺失，譬如，人数是多少？另外，"预计一年内实现盈利"，有什么支撑数据有必要展示一下。

形式方面：用一张不相关的时装秀图片放在项目进展PPT上，不协调。

建议：人们可能更想看到一些运营数据报表之类的信息。

图9-9 我们的进展

第10—12张：一些实践活动的展示（见图9-10）。

内容方面：用特例活动来展示自己的运营情况，说服力不强，因为图片中的人数十多个，非常有限。

形式方面：只展示了一次活动的现场情况，是为了"秀"自己吗？

图9-10 一些实践活动的展示

建议：这里如果能拿出数次活动的现场照片，或购买晒单的截图，或活动报名参与人数的统计表等，更多实在的信息可能会让人们对你的运营情况和效果形成概念。

第13张："竞争对手"（见图9-11）。

内容方面：没有具体竞争对手的数据，只说自己的优势，这样的介绍如同空中楼阁一样缥缈。

形式方面：①字号偏小看不清楚；②本张图片名为"竞争对手"，但其实只是给出竞争对手的名称和Logo，这并没有什么意义；③将自己的照片放在这里想说明什么？若没有特别的说明，这不会让观众对本项目产成好感，也不会增强说服力。

建议：增加竞争对手情况简介、运营数据等相关信息。

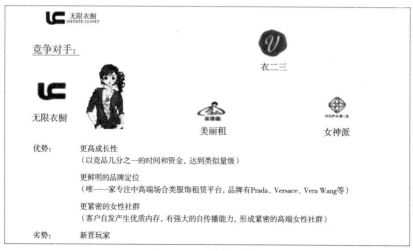

图9-11　竞争对手

第14张："融资计划"（见图9-12）。

内容方面：只有基本融资信息，而没有资金使用规划。

形式方面：①内容太少，缺乏融资用途规划说明；②字号太小；③配图只是一些美元零钱照片，与融资额200万元相比，有点小气，可能引发联想是

"被绑定的钱"。

建议：①增加资金用途说明；②把字号调整到24磅以上；③换为体现金融杠杆作用的配图。

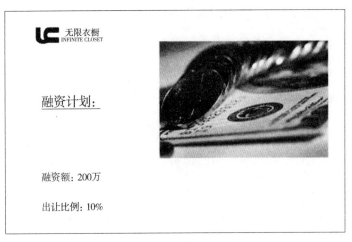

图9-12　融资计划

第15张："发展计划"（见图9-13）。

内容方面：这里反而出现了一些目前运营状况的数据，但由于前面没有数据分析基础，很难让人形成未来发展趋势的预判。

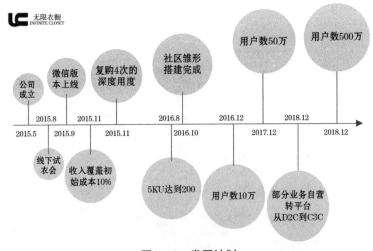

图9-13　发展计划

形式方面：这种用数轴形式表现发展规划的方式比较好。

建议：里程碑式的节点选择不易多，且预测数据需要精确，最好还有推导的依据。

第16张："我们的使命"（见图9-14）。

内容方面：前面定位的是中高端，这里却是"每个女孩"，场合类的情境也没有了。"我们的使命"不是为了喊出动听的口号，而是要描绘项目的存在价值，使项目无限延展开去。路演者给出的使命，使项目自身的逻辑不严密，定位不清楚。

形式方面：字号太小，留白太多，显得不够大气。

建议：①聚焦于自己的目标市场和目标客户，譬如："希望在每个晚会上，得体的礼服都能让爱美的你闪耀出光彩"；②这一张PPT的字数很少，完全可以用36磅以上的大字。

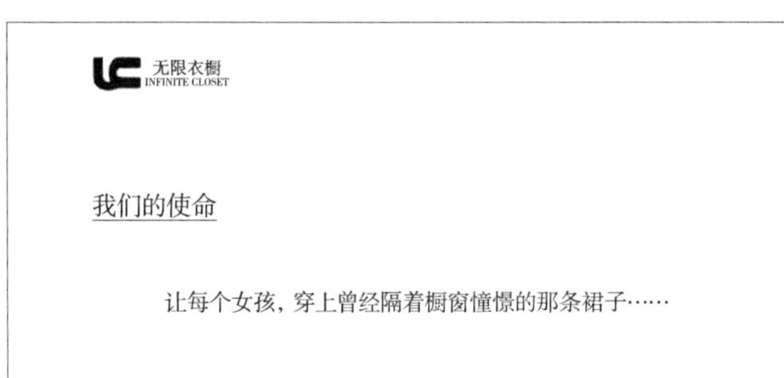

图9-14 我们的使命

第17张：展示联系方式（见图9-15）。

内容方面：既是感谢，"谢谢您的时间"，又提供了微信二维码，体现主动的沟通意识，用词亲切。

形式方面：干练明快。

建议：Logo旁边若能放上公司名称会更好，增加人们对项目的认知和记忆机会。

图9-15　展示联系方式

四、融资路演语言和非语言表达分析

1. 融资路演语言讲解内容白描

开场白："感谢新浪创业给无限衣橱这一次展示的机会，我是无限衣橱的创始人平凡，很高兴今天给大家介绍一下无限衣橱这个项目。无限衣橱是最受欢迎的场合类服饰分享平台。如果女生们要参加朋友的婚礼、年会或聚会，都可以在无限衣橱找到适合她的服饰。"

正文：我的故事、用户痛点、解决方案、市场规模、消费者升级现象、我们的客户群、团队主要成员、我们的进展、体验活动现场、客户晒单、竞争对手、融资计划、发展规划。

结束语："无限衣橱的愿景是让每个女生都能穿上隔着衣橱憧憬的那条裙子。"

2. 项目融资路演语言讲解技术分析

（1）**开场白没有吸引力**：在简单寒暄之后，一开始介绍项目就自定义为"最受欢迎的"，而且在列举功能时还有一点不流畅。这些都让开场感觉不好：①开场寒暄是否可以放在台下与主办方沟通并表达，这里面对的是观众，不是主办方，所以应该针对观众说些什么。②"最受欢迎"不应由路演者来定义，是要用数据说话的，所以这里采用自我界定的方式没有任何意义。③一开场介绍项目是作为"参加朋友的婚礼、年会或聚会"时的服装准备平台，有一些不流畅，开场语言不流畅是非常引人注意的，这可能会给观众形成不好的第一印象，自己的信心也会受到打击。

（2）**客户痛点提出乏力**：从自我以往的消费中的困惑说起，最后将用户痛点总结为三点：单价过高、不易获取、不宜重用。但问题是自我经历与客户痛点逻辑不对应："我参加公司年会花很多钱买礼服""女人都有这种希望光彩四溢的需要""帮助别人自己有幸福感"，这是你自己的事，投资人不会关注你如何，而是关注项目是否存在市场机会，即用户痛点是否强烈，有多少人会有相同的痛点，现有的解决方案是否能解决这个痛点。这里应该一针见血地指出客户或具有代表性的"我"当时的困境，这一困境需要揭示市场中客户的痛点，而这一困境的展现也预示着"我"的解决方案将是最佳的方案。

（3）**站在"我"的立场，而不是观众的立场**。只说自己想说的，而不是听众想听的。正文分析力度不够，感觉项目思考得不是很周全，不能让观众很好地看到这个市场的前景和机会。

（4）**讲解自己时使用形容词过多**。"我们是最受欢迎的""我们比竞争对手的优势明显""现金流很好"等全是形容词，缺乏数据支撑，一些关键的数据缺失，造成避重就轻的感觉，使整个路演空洞而飘忽。

（5）**结束语有社会价值陈述，但比较苍白，逻辑有漏洞**。第一，自己说的是愿景，但PPT上打的是"使命"，而愿景和使命是不同的。第二，愿景中说"每个女生"，但前面项目定位的是中高端场合类服饰，是一线城市白领和时尚女性。这两类人群差别很大，数量和消费层次上都不能简单地画等号。这个项目的目标客户不是随便可以延伸的。

3. 路演语言讲解内容分析

这里，我们主要对项目融资路演的五个关键点展开分析。

第一，解决方案。此案例提出的解决方案思路清晰，路演者依据逻辑图来介绍项目的运营流程，讲解让人一目了然，但是呈现的逻辑过于简单，看不出关键节点的核心特征和实现的可能性。路演者需要给观众澄清的问题在于：①整个闭环变现的支撑点在哪里？各环节的成本和收益如何平衡？②2小时送达，通过什么配送系统，怎样可以实现？③售价的1/10是以什么为标准来说的？怎么算出这个定价来的？要保证这个方案行得通，你的网络平台需要怎样的运营来支撑？④为什么是"你"？你比别人有什么优势？

第二，增长空间。市场空间分析模糊、泛化，从而看不到本项目的实际市场存量和增量空间。具体来看：①"美国对标公司有500万用户，年收入1亿美金"，一方面，美国的文化背景与中国不同；另一方面，美国对标公司的服务对象是什么？不清楚。②"中国中产阶级人数是美国的4.5倍"，中产阶段中的年龄和性别差异太大了，这个数据并不能说明目标市场大小。③举的消费升级的例子，只能说明西方文化在渗透现代中国人的生活，但与这个项目没有直接关系。另外，这些属于社会变化，一般都需要很长的时间，你的公司耗得起吗？④客户群定位"20—40岁白领时尚女性"，没问题，但这些人中有多少需要场合类服饰呢，并不清楚？所以市场存量有多少根本没有分析清楚。这些问题的存在，使观众听起来一头雾水，难以形成对市场规模和存量空间的概念。

第三，管理团队。这里介绍的项目主要成员全部是曾在外企公司工作过的白领。但我们知道，外企的岗位分工很细，每个人都只是整个公司的一个螺丝钉而已，他们可能懂一些管理，但却缺乏独立运营项目的市场经验。所以可能再引入一些具有相关经验的资深人士会更好。

第四,落地计划。①竞争分析。本项目识别的竞争对手为"美丽租"和"女神派",但在整个讲解过程中,都没有认真分析竞争对手与自己各方面的差异在哪里。这样很难让观众了解你的独特之处。②盈利模式。路演时,对于"如何赚钱"根本就没有提到。特别是当提及运营中的特殊优势"1/10租费、免运费、北京2小时送达"时,没有交代它们是如何实现的,更没有让观众看到项目是如何保证自己盈利的。③执行方案。路演中基本没谈执行方案,所提及的相关内容有以下两点:一是在"我们的进展"中谈到自己的一些成绩,但关键数据缺失。"覆盖全部一线城市,黏度有6次复购",但客户数量有多大?而这是平台项目的关键,是投资人最关心的数据。二是展示了一个发展的时间规划,但前期存量都没说清楚,现在的用户数也没交代,如何保证未来达到500万用户?路演者在讲解时也没有给出一些必要的交代,从而很难让人理解这样预测的推理逻辑。

第五,融资计划。路演者只是介绍了融资目标和准备出让的股份,但这些资金用在哪里,怎么用?路演者在讲解时并没有给予必要的说明。

表9-1 无限衣橱项目融资路演效果情况分析

类别		无	不清楚	简单告知	有说服力
解决方案			+		
增长空间			+		
落地计划	竞争分析		+		
	商业模式		+		
	盈利模式	+			
	执行方案	+			
管理团队				+	
融资计划				+	

这里我们对路演效果进行一个整体的分析。首先，我们按照常规融资路演将考察内容分为五大维度，具体包括：解决方案、增长空间、落地计划、管理团队、融资计划。再把每一个维度分为：无、不清楚、简单告知、有说服力四个等级进行评估。最后，用"+"表示此项目路演落在该维度的相应等级，然后汇总。如表9-1所示，从各维度"+"所在的位置，我们可以看到，该项目融资路演的最终效果并不理想。

五、路演者风格分析

这一部分我们主要考察路演者的非语言特色。我们将从路演者的声音、动作和表情方面进行分析。

声音方面：路演者声音甜美圆润，但缺乏抑扬顿挫的起伏以表达感情，一直比较平缓，使路演缺乏热情。

动作方面：路演者舞台上站姿端正，亭亭玉立，但姿势比较单一，一直扶案而立，动作比较僵硬。

表情方面：路演者打扮入时，面部表情和蔼，时有微笑。但眼神不坚定，有点飘忽，表现胆怯或不自信。

六、路演者状态分析

路演者的自身状态是由其路演时的一言一行表现出来的，我们对在整个路演过程中路演者的表现分析如下。

自信心程度：路演者说话声音较轻，有时有点发颤，这可能说明对内容不熟悉，或是路演者对内容的不自信。另外，当说到一些关键数据时，会回避听众的眼神，表现出缺乏自信心。

身体模式：路演者站立和说话时比较僵直，虽然路演者长相俊美，但是像"冷美人"，让人感觉其对项目缺乏热情。

七、小结

通过对该路演的全面剖析，我们看到该路演并不是一个成功的项目融资路演。

客观地说，本项目路演的闪光点是存在的。譬如，项目的目标市场选择是有特色的，设计内容基本考虑了项目融资路演的主要模块，也能看出PPT构思是精心推敲制作的。但遗憾的是，该项目路演暴露出来的问题更多：如市场调研不足、市场存量了解不充分、竞争对手不明确、项目自身优势表达不足、商业模式考虑不充分、盈利点不清晰等。另外，路演者本身没有表现出创业者应有的热情，讲解平淡，"秀"的成分更多，等等。如果真是一个为女性传递美的项目，在展示时路演者本身就应该更细致地把握整个路演的逻辑美感，才可以更好地让观众认可项目期望传达的服务价值。

总之，通过这个案例我们可以看到，项目融资路演的最终呈现效果由很多方面组成，除了项目本身的存在价值，PPT设计、路演讲解内容以及路演者表达等几个方面，都需要在路演时不断优化，相辅相成才能更好地展现出项目应有的价值。

案例二："皓庭新风"项目融资路演案例剖析

一、项目简介

皓庭新风是一家提供室内空气污染治理整体解决方案的公司。

二、路演基本情况

路演标题：皓庭新风

路 演 者：创始人

路演PPT：共14张

路演时长：7:44分钟

资料来源：新浪创业（网址链接：http://luyan.chuangye.sina.com.cn/activity/detail/190）

三、项目PPT展示内容和形式分析

1. 项目PPT展示内容分析

该路演PPT一共有14张，可以大致总结为以下八个模块。

（1）"为什么要做"：开场用户痛点（1）；

（2）"创始人简介"：创始人历史成就、行业经验（2）；

（3）"我该怎么办"：时代变化引发问题、市场"空白"现状（3、4）；

（4）"产品简介"：产品功能、比较优势（5、6、7、8）；

（5）"谁来做"：团队主要成员（9）；

（6）"运营模式"：线上与线下结合、战略布局、未来发展规划（10、11、12）；

（7）"融资规划"：融资计划、出让股份、资金用途（13）；

（8）结束：致谢和联系方式（14）。

从这里所罗列的路演PPT结构来看，目前在展示内容上已涵盖了融资路演的核心内容。如果还想进一步优化此项目的展示内容，可以考虑以下几点。

第一，在"市场容量"方面，当前只是提及"家装市场"的概念，它基于一个假设：这个市场的大小，观众是已经知道的。整个路演中对于该市场的规模没有给出任何数字说明。但若投资人不是建筑装潢行业的业内人士，或投资人在与其他项目之间进行比较时，没有数字会使他们很难作出判断。所以若能给出一些市场空间和存量、增量等相关的数字，可能会更好地让观众理解这个市场的发展潜力。

第二，关于"竞争对手"，路演中只是与"传统新风系统""空气净化器"等进行比较来谈自己项目的优势，但你的目标市场的同类产品只有你一家吗？有没有"不只是换气，还可以补氧"的"家庭整体新风系统"的其他企业？它们做得又怎么样？本项目的竞争对手是谁？自己与其比有什么特点？如果能列举一二的话，可以进一步强化自己的优势所在。

第三，关于"盈利模式"，本项目只介绍了自己的运营模式，但没有交代项目的赚钱模式。譬如，投资回报率和资金回收周期如何？现实中你的运营模式设计得好并不一定意味着就能赚钱。投资人和观众可能不关心你是如何运营的，但一定会关心你是如何赚钱的。

第四，在介绍产品功能时，对其关键特色的提炼不到位。无论是在PPT第6页上的"六层过滤"，还是在第8页的"一套覆盖整套住宅"而不是局部净化，都只是强调了其强大的净化功能，但其实它可以把室外的空气补充到室内，这样一个特征并没有被总结提炼出来，路演者只在讲解时一带而过。

有一个关键点我们觉得应该写出来,即"补氧而非简单净化"。因为在讲解时,路演者强调了与其他净化器的区别在于一个大循环的概念,不是在室内的简单循环,而是形成室内与室外的大循环。这样一个特性是这种新风系列的独特所在,应该着重强调。

2. PPT展示设计情况分析

第1张:项目名称简介,首页PPT给出项目与公司的名称(见图9-16)。

内容方面:项目名称起得响亮,也直扣主题。项目名称与公司名称重叠,便于记忆。

形式方面:蓝底白字,模板简洁明快。

建议:不知是否有公司Logo,可以放在PPT上,以更好地宣传,并增加辨识度。

图9-16 项目名称简介

第2张:创始人简介(见图9-17)。

内容方面:通过其罗列的自己的经历,可以看出,创始人有一定的行业经验,也作出过一定的成绩。

形式方面:用主题句表达,配合照片,表达简洁。

建议:若再要精进的话,可以:①字号可以再大一点;②2002—2014年这一段里,罗列了许多事件,有些是总括的,如"专注××领域12年",有些是特例，如"获万达通风系统承建商第一名""年营收1.5亿元人民币"。这些不应并列排版，而应该在特例中加上小括号，或在特例前加上"曾经"字样。

图9-17　创始人简介

第3张：介绍新风系统的起源和发展（见图9-18）。

内容方面：只呈现了大标题。

形式方面：标题加图片。

图9-18　介绍新风系统的起源和发展

建议： 这里介绍的关键是"家庭住宅新风系统"的演化与由来，可以列出关键词。

第4张： 各国住宅新风安装情况（见图9-19）。

内容方面： 给出德国、美国、西班牙与中国的情况，形成强烈的反差。

形式方面： 用一张柱状图来说明问题，且注明了数据来源，使表达很有说服力。

建议： 红与蓝色搭配不突出。想表达中国占比还不到1%，但大红色在蓝色背景下根本就没办法突显，使用对比反差大的颜色效果会更好。（路演者在现场讲解时，还展示了一张沈阳一个小伙子戴着防毒面具的照片，本书中没有给出，它能够生动反映问题的严重性，很好！）

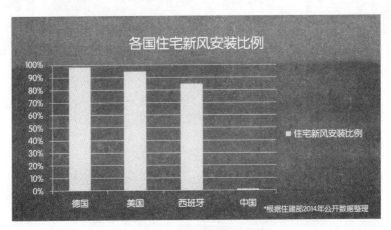

图9-19　各国住宅新风安装情况

第5张： 产品介绍（见图9-20）。

内容方面： 信息太少，且没有逻辑层次。

形式方面： 太简单，从而失去意义，应该进一步提炼后再展示核心内容。

建议： ①本张缺少标题，例如："我们的产品介绍"；②只展示三个大的概念，有点空泛。应该进一步提炼，譬如，产品结构：无管道；产品使用：智能；系统特色：大循环补氧。

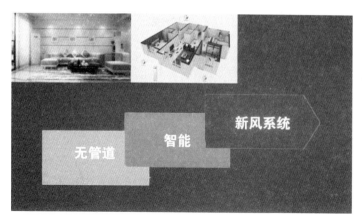

图9-20 产品介绍

第6张:产品品质介绍(见图9-21)。

内容方面:用"全球顶级供应商""独创六层过滤"来说明自己产品的品质。

形式方面:供应商有Logo,产品有展示图,还有一个整机的分析剖面图,图文并茂,非常直观生动。

建议:若要进一步优化,可以考虑:现在展示的内容是从厂家考虑的,但没有从用户立场来说,譬如安静程度、净化效果、净化效率等,从这几个方面来说明高品质可能更好。

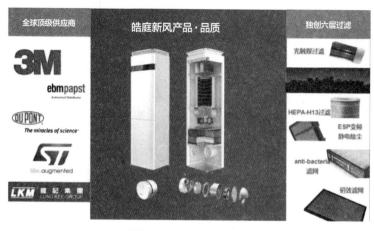

图9-21 产品品质介绍

第7张： 与传统新风系统比较（见图9-22）。

内容方面： 用正反对比法，比对相关特性。

形式方面： 用图配文来进行说明，直观而形象。

建议： 这种表达格式应该是主题句式，所以不能分行，尽量把一句话的意思都浓缩在一行中，所以不要将"空气质量一目了然"分两行来写，可以换为"显示空气质量"。

图9-22　与传统新风系统比较

第8张： 与其他空气净化产品比较（见图9-23）。

内容方面： 内容上表达很清晰，就是氧气与甲醛分布的情况不同。

形式方面： 用图文加符号标注，很醒目。

建议： 这里有一些可能产生疑议的地方：①比对目标要清楚，是与其他空气净化产品比较，还是与没有空气净化装置的情况比较？为什么右边两图就是氧气缺乏，而甲醛超标？其他净化产品最多就是氧气缺乏，空气质量应该过得去吧。②在本系统中，甲醛为负的图为什么那么灰暗？应该是清亮的图景吧。

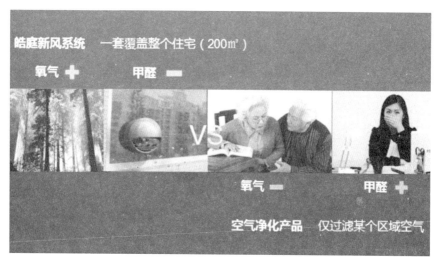

图9-23 与其他空气净化产品比较

第9张：团队与创新（见图9-24）。

内容方面：本页中介绍了团队成员，并呈现了相关的专利证书情况。

形式方面：图文展示。

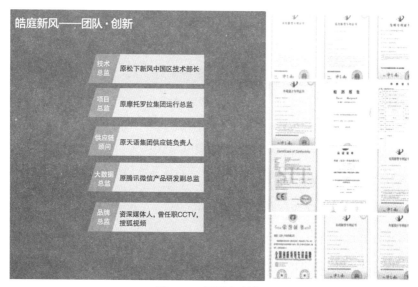

图9-24 团队与创新

建议：可以优化的地方在于：①缺乏总结和归纳的内容：团队总共有多少人，多少个证书？②团队成员应该配照片，更真实生动；③团队成员介绍中有一位的介绍文字换行了，应该拉平不换行，更规整。

第10张：业务模式（见图9-25）。

内容方面：线上与线下的设计，考虑全面。

形式方面：展示形式简单明晰。

建议：有些地方还是讲得比较空泛，业务模式只是告诉观众如何运营，需要补充说明盈利模式，"你是如何赚钱的"才是投资人所关心的核心问题。

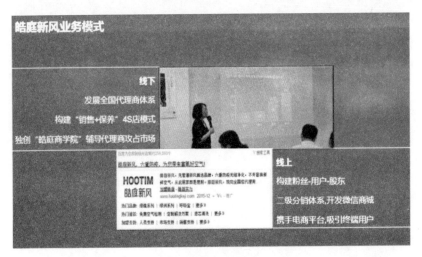

图9-25　业务模式

第11张：合作单位与机构（见图9-26）。

内容方面："战略布局"，这个题目起得有点大，具体只是讲了"合作单位与机构"以及"联盟成员和合作企业"。

形式方面：图文相配。

建议：明确这一页的主旨是想说明什么，合作是指哪些方面，战略布局如何。

图9-26 合作单位与机构

第12张：发展目标（见图9-27）。

内容方面：从内容上看，这些不是公司的发展目标，而是一些关键大事或关键举措吧。

形式方面：表达形式图文并茂，直观生动。

建议：可以增添一些数据，特别是有逻辑推演的数据以增强说服力。

图9-27 发展目标

第13张：融资计划（见图9-28）。

内容方面：内容比较丰富，有以往的融资历史、本次融资额度，还有出让股份、用途。

形式方面：有大标题和小标题，还有配图，比较清晰明确。

建议：这部分挺全面的（注意：与讲的内容保持一致，因为在讲解时，路演者还说到融资量。）

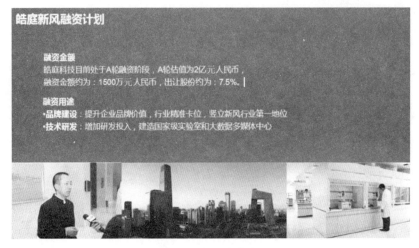

图9-28 融资内容

第14张：结束语（见图9-29）。

内容方面：没有什么实质性内容。

形式方面：中英文混搭，但信息量不大。

建议：可以删去，若要保留，则可以添加联系方式，或公司宣传口号、愿景使命等内容。

图9-29 结束语

四、项目融资路演语言和非语言表达分析

1. 融资路演语言讲解内容白描

开场白:"尊敬的各位老师和同学,大家好!在这里我向大家提个问题,今天到会场的,有多少是戴着口罩来的?雾霾确实很严重了,我的两个孩子在家中已经待了六七天了,确实很严重。"

正文:创始人简介、市场现状、产品功能和特性、团队与创新、业务模式、发展规划、融资计划。

结束语:没有设计特别口号。

2. 项目融资路演语言讲解技术分析

(1)**开场白新颖而独特**。采用与观众互动的提问方式开场,这样能引发人们的好奇感、提高参与度,从而引起人们的共鸣。

(2)**不是读PPT,而是很好地对PPT内容进行有效的补充说明**。PPT多为图文并茂,且文字高度提炼浓缩,且路演者在讲解时能够恰当地给出自己的说明:"我把中国的住宅设计叫作阉割的住宅设计……与人息息相关的东西并没有被考虑进去。""过去认为住宅新风系统就是开窗透气,但现在真的不能开窗了。"

(3) **通过讲解很好地实现了PPT之间的过渡**。例如,在把创始人的基本情况介绍完之后,说"我们发现都有新风系统,但家庭住宅却没有",进而翻到新一页来讲中国与发达国家在新风系统安装情况的数据比较,使PPT之间过渡得自然流畅。

(4) **讲解时能站在观众角度深入地剖析内容意义**。例如,在介绍产品功能时,说"每个窗户都有一个智能窗式通风器——我们亲切地称其为'智能宝'"。又如,在讲到耗材时,路演者提到"一年换两次滤芯,一天2瓶矿泉水的价格"。

3. 路演语言讲解内容分析

这里,我们主要对项目融资路演的六个关键点展开分析:

第一,用户痛点。本次路演在用户痛点介绍时非常成功,使观众有很强的代入感。开场就与观众进行互动,"有多少是戴着口罩来的?"从而引发人们对大气污染问题的关注,进而讲自己的从业经历时,又提及"我们发现公共场所都有新风系统,但家庭住宅却没有"。最后,又通过一张百度网上"一个沈阳的小伙子戴着防毒面具"的图片,来说明现在观念需要转换,"过去认为住宅新风系统就是开窗透气,但现在真的不能开窗了。"

第二,解决方案。这是一个工业产品,所以其解决方案可能涉及两个部分。一方面,是其产品特性和功能。路演者分别从"研发4年的成果""产品是一个户外主机加各窗户上的智能窗式通风器""我们与传统新风系统的比较优势——所有部件来自全球顶级供应商"等方面进行陈述,让观众看到一个非常有特色的产品。另一方面,这个产品运营的业务模式中设计了"线上"加"线下"的双重模式,考虑得也比较周全,若能实施应该能保证运营的有效性。

第三，增长空间。

此部分缺失。路演者好像认为家庭装修市场理所当然地是一个很大的市场，不用说大家一定都会知道，所以整个路演过程中都没有给出具体的数据说明，只是在开头部分介绍国外与国内家装新风系统安装比例时提及国外的比例很高，但中国的比例还不到1%，这样一个相对市场占有率的概念。

第四，管理团队。此项目成员看上去都是精兵强将，核心人员都是一些大企业或机构的管理者：技术总监是松下新风原中国区技术部长、项目总监是摩托罗拉集团原运营总监、供应链顾问是天语集团原供应链负责人、大数据总监是腾讯微信产品原研究副总监、品牌总监是曾任职搜狐视频的资深媒体人。这样一个阵容来做这个产品应该是比较强大的。

第五，落地计划。

①竞争分析。本项目没有进行竞争分析。它主要与传统的新风系统进行比较，而没有识别市场上相关的竞争对手，好像这个市场只有它们一家在做这个事情一样。②盈利模式。本项目路演没有介绍自己的盈利模式，只是讲了自己的业务模式。但投资人可能更关注项目是如何赚钱的。③执行方案。路演中给出了"业务模式""未来发展目标""合作单位"等信息，基本介绍清楚了其执行方案。存在的问题是"未来发展目标"部分只是谈了自己准备做的几件事，如建立实验室、大数据中心和线上客服等，而不是公司发展的常规目标。另外，并没有给出做这些事的时间节点，这样会让人听了比较迷茫。

第六，融资计划。

本项目路演非常充分，既展示了以往的融资经历、本次融资额度，又给出了出让股份比例，以及资金用途。但出现了一个不一致的地方：关于资金用途，PPT只列出了两点，但路演者在介绍时说出了三点，除了"品牌建设""技术研发"，还提出"部分量产中使用"等。这种不一致，会给观众留下不好的印象。

这里我们对路演效果进行一个整体分析。首先，我们按照常规融资路演将考察内容分为五大维度：解决方案、增长空间、落地计划、管理团队、融资计划。再把每一个维度分为"无""不清楚""简单告知""有说服力"四个等级进行评估。最后，用"+"表示此项目路演落在该维度的相应等级，汇总得到表9-2。从各维度"+"所在的位置，我们可以看到，该项目融资路演最终效果并不理想。

表9-2 皓庭新风项目融资路演效果情况分析

类别		无	不清楚	简单告知	有说服力
解决方案					+
增长空间			+		
落地计划	竞争分析		+		
	业务模式				+
	盈利模式	+			
	执行方案			+	
管理团队					+
融资计划					+

五、路演者风格分析

这一部分我们主要来看一看路演者的非语言特色。

声音方面：路演者声音比较沉着稳定，每页PPT之间衔接自然。路演者有时会给人一种憨厚的感觉，但不影响表达效果。整个过程，路演者会运用语气的停顿、音调的起伏、用词的幽默和直白来调节气氛。

动作方面：路演者身着深蓝色中山装，舞台上站姿端正，身体会随着PPT

不断变换位置和体势，时而盯视观众，时而看PPT，手势不多，但与路演内容和自己沉稳的风格相匹配，整个台风沉稳大方，动作舒展自然。

表情方面：路演者面部表情平和，偶带微笑，眼神坚定，不飘忽，表现出稳重与自信。

六、路演者状态分析

路演者的自身状态是由其路演时的一言一行表现出来的，我们对在整个路演过程中路演者的表现分析如下。

自信心程度：路演者说话声音大小适中，在舞台上的台风也大方自如，眼神平和地与观众交流，并且能讲解而不是读片子，对一些内容的解释深入浅出，表现出一定的自信心。

身体模式：路演者台风大方自如，不拘谨；呼吸平稳，不急促；身体随着眼睛去找PPT上的内容而自然转动，整体表现舒展大方。这一身体模式使路演者始终保持良好的路演状态。

七、总结

通过对该路演的全面剖析，我们看到这是一个相对成功的项目融资路演。客观地说，虽然本路演存在一定的小瑕疵，如缺乏对竞争对手、市场容量的分析等，但因为家装行业还是比较贴近生活的，所以不影响人们对路演内容的理解；再比如，本路演虽然没有介绍盈利模式，但其对产品功能特性的解释比较到位，也对业务模式进行了必要的交代，所以观众还是可以判断其存在一定的盈利可能性的；还有，虽然对发展目标的介绍与我们惯常理解的"公司发展目标"不一样，也没有给出时间节点信息，但其对于关键事件的描述，对观众来说还是具有相当吸引力的。

总体来看，通过这个案例我们有以下几点心得体会。

第一，项目融资路演没有尽善尽美的。就像我们对于艺术的追求，无论多好的作品，都存在可以不断优化的空间。能够表达出项目可解决什么样的用户痛点、产品或技术的独特优势，以及公司运作规划和资源实力，就能够很好地体现出项目存在的价值，就可以得到观众的认可。

第二，PPT与讲解的一致性问题。路演者可以深化或细化PPT上所呈现的内容，但不能无故加上一些PPT上没有的内容。否则，人们会感觉路演者不够细致和稳重。例如，这个项目中关于资金用途的讲解，PPT上只列了两点，即"品牌建设"和"技术研发"，路演者在讲解时又追加了第三点"部分量产中使用"，这样处理就让人感觉明显的不一致，进而对其严谨性产生质疑。

第三，我们依然强调项目路演的最终呈现效果是由很多方面组成的。除了项目本身的存在价值，PPT的设计、路演内容以及路演者表达之间的相互协调搭配是很重要的。只有不断对各方面进行优化，使其衔接顺滑、相辅相成，才能更好地展现出项目应有的价值。

案例三："出国啦"项目融资路演案例剖析

一、项目简介

"出国啦"是基于留学服务的强关系共享平台。该平台用强关系社交打通信息渠道，然后用共享经济形式赚钱。拟融资300万元人民币，出让12.5%股份。

二、路演基本情况

路演标题：出国啦：基于留学服务的强关系共享平台

路演者：创始人

路演PPT：共14张

路演时长：6:03分钟

资料来源：新浪创业（网址链接：http://luyan.chuangye.sina.com.cn/activity/detail/220）

三、项目PPT展示内容和形式分析

1. 项目PPT展示内容分析

该路演PPT一共有14张。除最后一张为致谢内容外，其他分别涉及以下五个模块。

（1）"为什么要做"：项目名称及定位（1）、目标陈述（2）、用户痛点（3、4）；

（2）"如何做"：解决方案（5、6）、平台优势（7、8）、合作机构

（9、10）；

  （3）"是否值得做"：市场容量（11）；

  （4）"谁来做"：团队主要成员（12）；

  （5）"融资计划"：融资计划（13）。

  从这里所罗列的路演PPT结构布局上看，还有结构不完善和细节待改进的地方，我们主要来看以下几点。

  第一，在内容完整性方面，现有路演在结构上缺乏对"竞争市场怎样"和"如何赚钱"部分的介绍，而这两个部分是人们判断你的项目价值高低的重要因素。"竞争市场怎样"：你的定位与现有的市场格局是什么关系？特别是传统的留学中介的网上服务以及行业排名前三位的竞争对手的情况又是如何？这些问题的答案在项目路演时必须交代清楚，让观众明白你与他人的异同，从而判断你的存在价值。"盈利模式"：对于一个网络平台项目，很多人会有"烧钱"的感觉，那么你自己这个项目是如何赚钱的？需要特别说明你的盈利模式以及运营数据。

  第二，在路演展示逻辑顺序方面，我们认为存在如下需要修订的地方。

  （1）路演者在第11张PPT，才开始介绍市场规模，我们觉得这个部分可以提前到解决方案之后，在给出用户痛点和解决思路之后，就介绍市场容量，会有更好的效果。

  （2）在"用户痛点"部分，"痛"的程度如何？列出用户对现有留学服务不满意的地方或官方报道留学中介欺诈新闻等事实证据，会更有说服力。

  （3）在"解决方案"部分，项目只简单介绍了自己的运营思路，但没有汇报自己的现有运营数据，如获客人数、用户黏性、成交数额等信息。如果能加以说明，会使观众对项目特色形成更具体的印象。

  （4）在"平台优势"部分，这种优势应该在与其他竞争对手的比对中显现，而不是自说自话。所以，这里若能比对现在市场存在的其他平台来说明自己的平台优势，可能更能突显其优势和特色。

（5）在"合作机构"部分，只是用一些公司或单位的Logo来感性地表达合作者的情况，但若增加一些数据的归纳罗列，例如，排名靠前的合作大学，或某大学中参与的学生数量等信息，会给人更扎实的印象。

2. PPT展示设计情况分析

第1张：开场白点名项目定位（见图9-30）。

内容方面：首页用公司Logo做主标题，点出平台的"强关系共享"特色，并用公司名称为脚注，内容丰富而完整。

形式方面：①用一张富有个性的"啊啦叮"照片做陪衬，给人极强的视觉冲击；②选用黑底白字作为主题色，非常有个性和时代感。

建议：无。

图9-30 开场白

第2张：一句话点出项目的目标（见图9-31）。

内容方面：提出自己的愿景目标，这很好，但这不应是句空话，如何在项目设计中体现出来是关键。

形式方面：做项目不是喊口号，应该通过扎实的工作让人感受到目标。在提出这种比较"空"的口号式目标时，一定要慎重。

建议：可以将此页放在项目路演的最后一页，在致谢时随便提一下，而不用这样专门强调。

图9-31　点出项目的目标

第3张：概述用户三点诉求（见图9-32）。

内容方面：用这种高度概括的方式，通过正面表达来提出留学生的诉求，这种提炼和总结很好，但这三点总结得如何？我们认为"更自如的生

图9-32　用户的诉求

活"说得有点大了。因为自如与否与当事人的能力有关,你把国外生活给他安排得再好,他没有相关能力也会非常被动无奈。所以,这里不应该说得太大,而要更准确、具体一些,如"更具指导性的生活帮助信息"。

形式方面:表达简洁明快。

建议:在内容总结提炼上可以再明确、有针对性一些。

第4张:用户痛点(见图9-33)。

内容方面:留学服务的问题总结,准确到位。

形式方面:配图与文章没有关系。

建议:四个问题的配图应与文意对应起来,或者将图缩小而放大文字。

图9-33 用户痛点

第5张:本项目的解决方案(见图9-34)。

内容方面:突出强关系和共享经济,非常具有特色,但这一部分的关键是明晰商业运营中利益相关方的交易关系。

形式方面:黑白主题下用灰色字,使观众阅读起来比较费劲,看不清楚。

建议:①色彩反差要强烈;②现在只是简单地罗列,若用流程图或逻辑图可能会表达出更多信息。

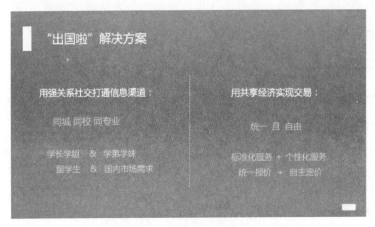

图9-34　本项目的解决方案

第6张：解决方案（见图9-35）。

内容方面：这种表达方式比较好，表现出项目推进的程度和可能路径。

形式方面：用阶段分区图来表示，展示了阶段性目标。

建议：把"出国啦"与留学生，以及留学生之间的交易逻辑关系分开表示可能效果会更好。

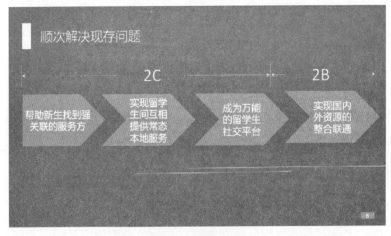

图9-35　解决方案

第7张： 平台优势（见图9-36）。

内容方面： 把平台"强关系属性""使用频次高""可快速拓展""用户黏性高"的四个特征鲜明地表达出来，同时每一条下面都有相应的事例或解释。

形式方面： 这种总结方式很好，上面是优势的四个方面，下面比较详细地介绍具体的内容。但这些都是感性的表达，而不是理性的陈述。

建议： 用数据说话，增加一些数据和成功案例。

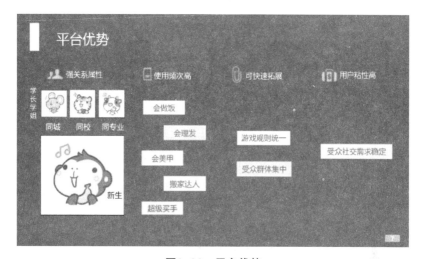

图9-36 平台优势

第8张： 照片示例（见图9-37）。

内容方面： 路演中间单独穿插这样的照片意义不大。

形式方面： 单从抒情效果来说，图片插入效果好，文字抒情从留学生的角度来说非常独特。

建议： 应该放在最后做抒情用。

图9-37 照片示例

第9张：部分合作机构（见图9-38）。

内容方面：列出合作机构Logo，证明已有的合作关系。

形式方面：用Logo表达，而没有用统计数据表达，太感性，因而缺乏说服力。

建议：感性加理性，给出统计数据，再进行分类，如（国内外）大学、媒体等，综合表达效果会更好。

图9-38 部分合作机构

第10张：已拓展的院校（见图9-39）。

内容方面：进一步解释合作单位、使用范围。

形式方面：①纯文本，比较单调；②字号小且配色不清楚；③缺乏数据和简单的说明。

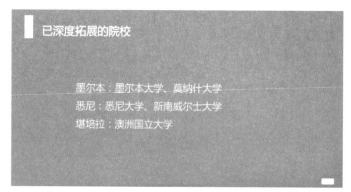

图9-39　已拓展的院校

建议：调整文字与表达的关系，给出统计数据来分析合作院校的加入人数等。

第11张：留学生市场（见图9-40）。

图9-40　留学生市场

内容方面：给出留学生市场规模、成长空间等信息。

形式方面：现有的表达不准确，一方面，在"2015年至2020年的预测"下面给出一组数据"留学生人数将达到接近200万人，全年消费超过7 000亿元"，但这样表达存在歧义：这一数据是到2020年的情况，还是这些年加总的情况？另一方面，给出"2014年留学生消费2 000亿元"这个数据与该路演项目有什么关系，留学生消费有多少是花在此项目相关产品或服务上的呢？

建议：优化数据表达方式。

第12张：团队成员（见图9-41）。

内容方面：团队成员具有一定的相关经验。

形式方面：字号小且配色不清。

建议：①这里给出每位的出生年月是什么意思呢？团队成员很年轻，反而让人觉得经验不够，建议删除；②可以把分工领域标注出来。

图9-41　团队成员

第13张：融资计划、出让股份和资金运用方向（见图9-42）。

内容方面：给出融资额度、出让股份比例以及资金用途。

形式方面：表达简洁明快。

建议：在四种资金用途处，分别插入了一个卡通配图，但与文意没有关系，显得有点多余，不如再进一步罗列一下，你在这些方面使用资金的大致安排。

图9-42　融资计划、出让股份和资金运用方向

第14张：结尾留下联系方式（见图9-43）。

内容方面：定位不清，不应该是"如有任何问题，请联系"，而是要表达"如希望进一步洽谈，请联系"。而且路演者现场的解释也是："如果您对我们的项目感兴趣，请联系。"

图9-43　留下联系方式

形式方面：图文并茂，但配图与文本意义不相关。

建议：把愿景或使命陈述放在这里，加上一些啊啦叮成功合作的照片。

四、项目融资路演语言和非语言表达分析

1. 项目融资路演语言讲解内容白描

开场白："各位投资人、各位同仁，大家好！我是出国啦的创始人××，我们的平台定位是做基于留学服务的强关系共享平台，我们的目标是做有使命感的留学服务。"

正文：项目名称及定位、目标陈述、用户诉求、用户痛点、解决方案、落地方案、平台优势、合作机构、市场容量、团队介绍、融资计划。

结束语：介绍融资计划后戛然而止。

2. 项目融资路演语言讲解技术分析

（1）整个路演语言风格偏感性化，缺乏客观数据。在介绍全程主要运用感性语言陈述，而非理性数据表达。具体来看主要表现为：在分析"用户痛点"时，只是总结了四个方面，但没有说明"痛"的程度数据；在解释"项目解决方案"时，只是简要介绍2C和2B的思路，但却没有给出运营的逻辑关系，特别是不同利益主体之间的关系结构；在介绍"落地计划"时，只是介绍每阶段要做什么，也没有给出当下的运营数据；列举"合作机构"时，也只是简单地罗列了企业的Logo，而不是归纳数据，统计合作单位传记特征等，这些使得该项目融资路演的说服力大打折扣。

（2）"市场分析"出现的逻辑顺序需要调整。市场分析部分出现在落地计划之后的倒数第三个模块，但这个问题是帮助人们判断"项目是否值得做"的重要依据，如果还没有作出这个判断，投资人不会形成该不该介入的基本判断，这会影响他们对你的方案的接受程度。所以这部分应该提前至第二个或第三个模块来介绍，让人们形成值得做的印象后，再来介绍你是如何

做的，打消人们的进入顾虑。

（3）所有的介绍都应聚焦于与自己项目相关的数据和信息。项目在讲解设计时提炼不是很到位，从而表现出归纳不到位，大太或太空的问题。具体存在的问题如下：①在介绍用户痛点时说到"更自如的生活"，这个不是你的项目能够解决的，因为项目提供的是服务，是为留学生提供更丰富而精确的信息，但"自如生活"与否则与个人的能力相关；②在市场分析时给出"2014年留学生消费2 000亿元"，这些费用涵盖了留学生海外生活的方方面面，这里是想说明人多，还是想说明额度大？它的哪些方面与本项目有关？这样给出数据不会让观众认为市场很大、有潜力，反而会引发更多的问题和困惑。

（4）讲解项目时多用概数表达，让人觉得不够严谨。比如，在介绍"部分合作机构"时，说"这是澳洲当地的部分合作机构，而且只是一部分；在讲合作大学时，说"这些都是澳洲非常知名的大学，还有许多大学在加入中"。这样介绍是想表达与之合作的机构太多了，项目应接不暇吗？那么为什么不用一张统计列表给出合作单位的全貌呢？再比如，在介绍融资资金应用时，路演者根据幻灯片上列举的四个项目说："这四个方面，比较常规，大家自己看吧。"这样的介绍非常随性，因为整个路演时间才6:03分钟，路演者其实有充足的时间进行具体的介绍，这样的讲解只能让观众产生不认真或不严谨的印象。

（5）路演在介绍完融资计划后戛然而止，结束得非常仓促，基本的致谢都没有，也没有项目价值陈述等，其实把那张"给你最美的异乡"的幻灯片放在这里会大大改善路演的感染力。在介绍完所有主要模块之后，来一张项目的社会价值表达，既可以提升项目价值，也可以让观众产生意犹未尽的提升感。

3. 路演语言讲解内容分析

这里，我们主要对项目融资路演的五个关键点展开分析。

第一，解决方案。此案例提出的解决方案可以说是非常新颖的，但只是简要介绍2C和2B的思路，但却没有给出运营的逻辑关系，特别是不同利益主体的关系结构。如果用一个流程图来表示此方案利益相关方在其中所扮演的角色以及互动关系，可能会更明确而清晰。

第二，增长空间。市场空间分析部分给出了近几年的中国人出国留学情况的数据，很有说服力，但只需要展示与本项目相关的数据就可以了，不要泛泛地把所有的留学生消费数据都拉进来，否则反而让人觉得项目的分析不够专业。

第三，管理团队。该项目的管理团队大部分是年轻人，路演中也没有介绍他们都"做成过什么样的事"。从现在的背景介绍来看，这样一个团队，资深可能谈不上，驾驭这么大的一个项目的宏观领导能力也有待检验。

第四，执行方案。这个项目融资路演的一个重大失误是缺乏对"竞争对手"和"盈利模式"的介绍，另外，在介绍解决方案的分阶段执行时，也只有概念层面的讲解，没有实际的运行数据的呈现，所以让人对其创新的效果如何、市场是否接受、是否经过市场的初步验证等产生疑惑，所以观众很难判断其项目的价值和实现的可能性。

第五，融资计划。路演者明确给出了预融资的额度、准备出让的股份，以及资金的使用情况。

这里我们对路演效果情况进行一个综合分析。首先，我们同样将考察内容分为五大维度：解决方案、增长空间、落地计划、管理团队、融资计划，再把每一个维度分为"无""不清楚""简单告知""有说服力"四个等级进行评估，最后，用"+"表示此项目路演落在该维度的相应等级，最后汇总得到表9-3。从各维度"+"所在的位置，我们可以看到，该项目融资路演最终效果并不理想。

表9-3 出国啦项目融资路演效果情况分析

类别		无	不清楚	简单告知	有说服力
解决方案					+
增长空间				+	
落地计划	竞争分析		+		
	商业模式			+	
	盈利模式		+		
	执行方案			+	
管理团队				+	
融资计划					+

五、路演者风格分析

这一部分我们主要看的是路演者的非语言特色。我们将从路演者的声音、动作和表情方面进行分析。

声音方面：路演者声音甜美圆润，讲解语速快，表达抑扬顿挫，表达了一定的对项目的热情。

动作方面：路演者在舞台上姿态端庄、恬静大方。其手势动作大部分在腰部以上。但头部常常是面对幻灯片，让观众看不到面部，而且眼睛盯视幻灯片时间较长，与观众的互动交流不太流畅自然，感觉路演者有点腼腆。

表情方面：整个讲解过程中路演者眼神坚定，充满自信。路演者面部多微笑，特别是只要与观众对视就满脸笑容，还会说："不好意思，这里还有我们的同行。"但又有相当一部分时间，路演者只是盯视幻灯片，所以感觉其笑得有点牵强，不太自然。

六、路演者状态分析

路演者自身的状态是由其路演时的一言一行表现出来的，我们对在整个路演过程中路演者的表现分析如下。

自信心程度：路演者无论是讲解时的用语"他们都来找我们""效果还不错"，还是其站立姿态，都可以反映出路演者对项目的极大信心和对目前运营状态十分满意。

身体模式：路演者笑容可掬，姿态端庄，身体转动幅度大，整个舞台表现还是比较镇定自如的。

七、总结

通过对该路演的全面剖析，我们看到该项目很有新意，市场空间大，运用"互联网+"进行运营设计非常有前景。但从项目融资路演来看，还有许多有待提升的地方。

综观前面的分析，这个项目融资路演给我们带来如下的启示。

第一，在项目融资路演时，项目内容各模块呈现的逻辑顺序很重要。因为人们要认可一个项目，并预判其价值是遵循一定规律的。你想把自己的东西塞入投资人的大脑时，需要先在其大脑中开辟一块处女地。所以，我们在传递项目价值和意义时，要考虑观众的接收和理解逻辑。

第二，路演时的感性陈述必须建立在客观数据的基础之上，才会更有说服力。在进行项目融资路演时，一定要基于事实数据，无论是运营的、第三方的、权威新闻报道的，还是实物的，在展示时越客观的事实数据越能让人真切地感受到你的话的真实性，也越容易让人信服。

第三，再好的项目切入点、再有新颖的创意都必须考虑好商业模式，特别是利益相关方的交易关系、项目定位、盈利模式、关键资源等内容，这些是商业运营的基础，否则就有可能变成听着热闹却经不起细致推敲的项目。这样的项目落地时可能就是摸着石头过河，碰运气了。

总之，正如一块璞玉需要精心打磨才可以让人看到其价值一样，一个优秀的项目也需要有认真和细致的路演设计，才可以使其价值突显出来。

参 考 文 献
REFERENCE

［1］［美］彼得·迈尔斯，尚恩·尼克斯.高效演讲——斯坦福最受欢迎的沟通课［M］.马林梅，译.北京：吉林出版集团有限责任公司，2013.

［2］陈卓然.乔布斯超级魔力演讲［M］.北京：中国纺织出版社，2013.

［3］崔跃松.演讲的艺术［M］.合肥：安徽文艺出版社，2012.

［4］付守永.路演大师——打造强逻辑的商业价值体系［M］.北京：企业管理出版社，2016.

［5］［美］杰瑞·魏斯曼.魏斯曼演讲圣经［M］.黄杨勋，译.北京：中国人民大学出版社，2012.

［6］［美］杰瑞·魏斯曼.演讲中最重要的事［M］.冯颙，安超，译.北京：中国人民大学出版社，2013.

［7］［韩］金炅泰.他是如何说服听众的——乔布斯演讲会［M］.季成，译.北京：国际文化出版公司，2011.

［8］［美］卡迈恩·加洛.乔布斯的魔力演讲［M］.徐瑧真，译.北京：中信出版社，2011.

［9］［美］卡迈恩·加洛.像TED一样演讲——打造顶级演讲的9个秘诀［M］.宋瑞琴，等译.北京：中信出版社，2015.

［10］李浩源.商战路演［M］.北京：经济管理出版社，2017.

［11］龙小语.从零开始学演讲［M］.上海：立信会计出版社，2015.

［12］［丹］罗尔·詹森.梦想社会［M］.王茵茵，译.大连：东北财经大学

出版社，2003.

［13］［英］马丁·赛克斯，等. 鲜活的故事——一本书学会可视化演讲设计［M］. 李桐，译. 北京：中国人民大学出版社，2015.

［14］马强. 路演兵法——资本时代企业家的必修法门［M］. 北京：企业管理出版社，2015.

［15］迈克尔·奥斯本，等. 发现你的声音——美国大学生的口才课［M］. 王怡，等译. 重庆：重庆大学出版社，2017.

［16］［加］乔·斯普瑞格，道格拉斯·斯图尔特，戴维·柏德瑞. 演讲者圣经［M］. 9版. 朱强，等译. 北京：清华大学出版社，2013.

［17］若木. PPT制作十大绝招.（2016-09-19）. http://www.xuexila.com/ppt/zhizuo/24495.html

［18］尚玉钒，叶静. 基于和谐意义给赋系统的商务展示测评体系的开发及应用［M］. 西安：西安交通大学出版社，2016.

［19］［美］斯科特·博克顿. 演讲之禅——一位技术演讲家的自白［M］. 宋睿，等译. 北京：机械工业出版社，2012.

［20］魏炜，朱武祥. 重构商业模式［M］. 北京：机械工业出版社，2010.

［21］［美］约翰·梅迪纳. 让大脑自由［M］. 杨光，冯端，译. 杭州：浙江人民出版社，2015.